职业院校课程改革特色教材（汽车类）

U0685995

纯电动汽车

结构与检修一体化教程

吴兴敏 李国君 马盈昌 陈万贤 ｜ 主编

罗林 周海晶 李宝树 黄淑玲 ｜ 副主编

人民邮电出版社

北 京

图书在版编目（CIP）数据

纯电动汽车结构与检修一体化教程 / 吴兴敏等主编
. -- 北京 : 人民邮电出版社, 2021.1
职业院校课程改革特色教材. 汽车类
ISBN 978-7-115-52928-2

Ⅰ. ①纯… Ⅱ. ①吴… Ⅲ. ①电动汽车－构造－高等
职业教育－教材②电动汽车－车辆检修－高等职业教育－
教材 Ⅳ. ①U469.72

中国版本图书馆CIP数据核字(2019)第289540号

内 容 提 要

　　本书共设 4 个教学项目，分别是认识纯电动汽车、纯电动汽车高压安全与维修工具/检测仪器的使用、纯电动汽车电源系统与驱动电机系统检修和纯电动汽车其他技术应用及整车保养。本书采用图文结合的方式，以国内外典型纯电动汽车为例，详细介绍了纯电动汽车的类型、结构，纯电动汽车高压安全，动力电池的类型、结构、特点及应用，电池管理系统的组成及功能，驱动电机的种类、结构及应用，电机控制器的基本组成与作用，纯电动汽车变速器、功率转换器、制动助力和再生制动、仪表、空调系统的组成，纯电动汽车整车保养、应急处理及常规故障的处理方法。

　　本书可作为职业院校汽车类相关专业的教材，也可作为汽车新技术培训及汽车维修企业技术人员的自学参考用书。

◆ 主　　编　吴兴敏　李国君　马盈昌　陈万贤
　　副 主 编　罗　林　周海晶　李宝树　黄淑玲
　　责任编辑　王丽美
　　责任印制　马振武
◆ 人民邮电出版社出版发行　　北京市丰台区成寿寺路 11 号
　　邮编　100164　电子邮件　315@ptpress.com.cn
　　网址　https://www.ptpress.com.cn
　　涿州市般润文化传播有限公司印刷
◆ 开本：787×1092　1/16
　　印张：10.25　　　　　　　　2021 年 1 月第 1 版
　　字数：252 千字　　　　　　 2025 年 8 月河北第 4 次印刷

定价：36.00 元

读者服务热线：(010)81055256　印装质量热线：(010)81055316
反盗版热线：(010)81055315

当今关于节能和环保的问题备受关注，生产和使用节能环保型汽车成为解决这些问题的重要途径之一。目前，节能环保型汽车可分为两大类，一类是电动汽车；另一类为新燃料汽车。新燃料汽车主要指使用非石油燃料的汽车。新燃料汽车除可一定程度降低污染物排放外，主要特点是缓解石油危机的压力。而电动汽车无论在节约能源和改善环境方面均有突出的表现。

目前，纯电动汽车技术已经取得了长足发展，就技术方面而言，我国与发达国家的差距很小，几乎处于同等水平。各大汽车厂商纷纷推出自己的纯电动汽车产品，国家有关新能源汽车的消费政策、配套措施也陆续出台，消费者对纯电动汽车的认知程度逐渐提高，纯电动汽车的社会保有量持续增长。

为适应纯电动汽车的快速发展，满足纯电动汽车日益普及的社会需求，有关纯电动汽车的技术刊物、科普图书及教材陆续出版发行。但限于技术发展的阶段性，目前出版的关于纯电动汽车的职业教育教材中，或多或少存在一定的局限性。

为满足职业院校对纯电动汽车技术知识的需求，本书编写团队充分总结前人的经验，结合目前纯电动汽车发展的前沿技术，在充分研究典型纯电动汽车（如比亚迪 e6 纯电动轿车）的基础上，编写了这本书。

本书共设 4 个教学项目，分别是认识纯电动汽车、纯电动汽车高压安全与维修工具/检测仪器的使用、纯电动汽车电源系统与驱动电机系统检修和纯电动汽车其他技术应用及整车保养。

本书根据职业教育教学普遍认可的项目式教学方法来组织内容，项目下设多个学习任务，符合"任务驱动"式教学要求。每个学习任务下的"相关知识学习"和"任务实施"模块，分别介绍具体技能所必需的相关理论知识、技能学习方法及考核方法。

本书提供课件、实训工单、部分工作任务考核标准和习题等教学配套资源，读者可登录人邮教育社区（www.ryjiaoyu.com）下载。

本书由辽宁省交通高等专科学校吴兴敏，广西商贸高级技工学校李国君、马盈昌和浦北县第一职业技术学校陈万贤任主编，四川信息职业技术学院罗林、重庆旅游职业学院周海晶、南宁市武鸣区职业技术学校李宝树和河池市职业教育中心学校黄淑玲任副主编。参与本书编写工作的其他人员有南宁市武鸣区职业技术学校唐梦双，广西商贸高级技工学校曹付锦、宾丽，辽宁省交通高等专科学校耿炎、张丽丽、翟静、高元伟、金艳秋、沈沉、任佳君等，在此对他们为本书编写工作所付出的努力深表感谢。

纯电动汽车技术的飞速发展，导致各生产厂商生产的纯电动汽车技术应用差异很大，技术含量不尽相同，且多数的关键技术仍处于商业保密阶段，加之编者的水平有限，书中难免会有疏漏及不够先进之处，希望读者不吝指正。

编者

2020 年 6 月

CONTENTS

目录

学习任务1-1 认识纯电动汽车类型

任务引入

纯电动汽车以动力电池的电能作为动力源，以驱动电机为电能和机械能的转换装置并驱动汽车行驶。纯电动汽车具有环保性能好、行驶平稳、乘坐舒适、操纵稳定性好及驾驶轻便等优点，受到越来越多人的喜爱，市场保有量快速增长。纯电动汽车的维修已经成为汽车维修行业从业人员急需学习和掌握的重要技能。

汽车维修人员应该能做到通过阅读纯电动汽车维修手册，并通过对实车的观察分析，掌握所维修纯电动汽车的类型及特点，以便正确制订和实施之后的维修计划。

本学习任务主要讲解纯电动汽车的类型及特点。

学习目标

1. 能够正确描述纯电动汽车与新能源汽车的关系。
2. 能够正确描述纯电动汽车的类型。
3. 能够正确描述纯电动汽车的特点。
4. 能够针对具体的纯电动汽车，通过观察，说明其类型及结构特点。
5. 能够注意培养劳动保护、安全与环保意识和团队协作意识。

相关知识学习

一、纯电动汽车与新能源汽车

1. 新能源汽车发展背景

汽车产业技术未来发展趋势是低碳化，如图 1-1 所示。实现汽车低碳化的技术除了动力技术、传动技术、汽车制造技术之外，新能源技术也是关键技术之一，其对汽车低碳化发展起着不可或缺的作用。

2. 新能源及新能源汽车定义

（1）新能源

新能源又称非常规能源，是指传统能源之外的各种能源形式，包括刚开始开发利用或正在积极研究、有待推广的能源，如太阳能、地热能、风能、海洋能、生物质能和核聚变能等。新能源越来越多地被用到风电产业、地热利用产业、沼气发电产业、生物质产业、太阳能光伏产业和新能源汽车产业。

（2）新能源汽车

《新能源汽车生产企业及产品准入管理规定》中明确指出：新能源汽车是指采用新型动力

系统，完全或主要依靠新型能源驱动的汽车。

图 1-1　汽车产业技术未来发展趋势

随着科学技术的发展，新能源汽车的定义和种类是不断变化的。

3．新能源汽车种类

《新能源汽车生产企业及产品准入管理规则》中述及的新能源汽车包括纯电动汽车（BEV，包括太阳能汽车）、混合动力汽车、燃料电池电动汽车（FCEV）、氢发动机汽车、其他新能源（如高效储能器、二甲醚）汽车等各类别产品。

在我国《节能与新能源汽车产业发展规划（2012—2020 年）》中，新能源汽车包括纯电动汽车、插电式混合动力汽车和燃料电池汽车。

2017 年 1 月 6 日，中华人民共和国工业和信息化部（以下简称"工信部"）颁布的《新能源汽车生产企业及产品准入管理规定》中所指的新能源汽车，是指采用新型动力系统，完全或者主要依靠新型能源驱动的汽车，包括插电式混合动力（含增程式）汽车、纯电动汽车和燃料电池汽车等。

尽管有各种法规对新能源汽车作了规定，但就新能源汽车的定义分析，新能源汽车应包括电动汽车、气体燃料汽车、代用液体燃料汽车三大类。

（1）电动汽车

电动汽车是指全部或部分采用电能驱动电机作为动力系统的汽车。电动汽车包括纯电动汽车、混合动力汽车（包括插电式混合动力汽车）、燃料电池汽车和其他电动类汽车（太阳能汽车、超级电容汽车等）。

① 纯电动汽车。纯电动汽车是以车载电源为动力，用电机驱动车轮行驶，符合道路交通安全法规各项要求的车辆。

② 混合动力汽车。混合动力汽车（HEV）指能够至少从下述两类车载储存的能源中获得动力的汽车：一是可消耗的燃料；二是可再充电能/能量储存装置。

2003 年，联合国对混合动力汽车的定义是：为了推动车辆的革新，至少拥有两个能量转换器和两个能量储存系统（车载状态）的车辆。

国际电工委员会电动汽车技术委员会对混合动力汽车的定义为：有多于一种的能量转换器提供驱动力的混合型电动汽车，即使用动力电池和副能量单元的电动汽车。副能量单元指的就是以某种燃料作为能源的原动机或者电机组。燃料主要包括柴油、汽油、液化石油气、液化天然气、乙醇等。原动机主要是内燃机及其他热机。

综合上述对混合动力汽车定义的描述，参考国际能源署（IEA）有关文献，业内普遍认为，能量与功率传动路线具有如下特点的车辆称为混合动力车辆。

a. 传送到车轮、推进车辆运动的能量，至少取自两种不同的能量转换装置（如内燃机、燃气涡轮、斯特林发动机、电机、燃料电池等）。

b. 能量转换装置至少要从两种不同的能量储存装置（如燃油箱、动力电池、高速飞轮、超级电容、高压储氢罐等）吸取能量。

c. 从储能装置流向车轮的这些通道，至少有一条是可逆的（既可放出能量，也可吸收能量），并至少还有一条是不可逆的。

d. 可逆的储能装置供应的是电能。混合动力汽车的不可逆动力元件是发动机，储能元件是油箱；可逆的动力元件是电机，对应的储能元件是动力电池、超级电容、燃料电池等。

混合动力汽车包括汽油混合动力汽车和柴油混合动力汽车。目前国内市场上，混合动力汽车的主流是汽油混合动力汽车，而国际市场上柴油混合动力车型发展也较快。能够利用电网充电的混合动力汽车称为插电式混合动力汽车。

③ 燃料电池汽车。燃料电池汽车是以燃料电池作为动力电源的汽车。

④ 太阳能汽车。太阳能汽车是利用太阳能电池，将太阳能转换成电能以驱动车辆行驶的汽车。

⑤ 超级电容汽车。超级电容汽车是以超级电容为主要储能装置，必要时将能量提供给动力电池，再由动力电池将电能提供给驱动电机以驱动车辆行驶的汽车。

（2）气体燃料汽车

气体燃料汽车是指燃用气体燃料的汽车，包括代用气体燃料汽车和氢发动机汽车。

汽车的代用气体燃料种类很多，常见的有天然气和液化石油气。代用气体燃料汽车按气体燃料与液体燃料的混合情况分为专用气体燃料汽车、两用燃料汽车和双燃料汽车 3 种；按气体存储形态和点燃方式分类，天然气汽车分为压缩天然气汽车（CNGV）和液化天然气汽车（LNGV）（这两种天然气汽车又均可分为点燃式和压燃式）。

① 专用气体燃料汽车。专用气体燃料汽车是完全以天然气、液化石油气等气体为发动机燃料的汽车，如天然气汽车、液化石油气汽车等。这种汽车可充分发挥气体燃料的特点，价格低，污染少。

② 两用燃料汽车。两用燃料汽车是指具有两套相对独立的燃料供给系统，一套供给代用气体燃料，另一套供给常规燃料（主要指石化汽油、石化柴油），两套燃料供给系统可分别但不可共同向气缸供给燃料的汽车，如汽油-压缩天然气两用燃料汽车等。

③ 双燃料汽车。双燃料汽车具有两套燃料供给系统，一套供给代用气体燃料，另一套供给常规燃料，两套燃料供给系统按预定的配比向气缸供给燃料，在气缸内混合燃烧，如柴油/液化石油气双燃料汽车等。

④ 氢发动机汽车。氢发动机汽车是以氢气为发动机燃料的汽车。氢发动机在汽车上的应用方式有 3 种，即纯氢发动机、氢/汽油双燃料发动机、氢/汽油混合燃料发动机。

（3）代用液体燃料汽车

代用液体燃料汽车指使用传统燃料之外的液体燃料的汽车，包括生物燃料汽车和煤制燃料汽车两大类。

① 生物燃料汽车。生物燃料汽车是指燃用生物燃料或燃用掺有生物燃料燃油的汽车。生

物燃料汽车包括乙醇燃料汽车和生物柴油汽车等。

② 煤制燃料汽车。煤制燃料汽车指使用以煤提取的燃料的汽车。它主要包括装用点燃式M85甲醇汽油发动机、M15甲醇汽油机（部分新能源）、压燃式二甲醚（DME）发动机、煤制汽油发动机、煤制柴油发动机的车辆。

二、纯电动汽车的分类

1. 按驱动系统组成和布置形式分类

按照驱动系统的组成和布置形式不同，纯电动汽车分为机械传动型、无变速器型、无差速器型和电动轮型4种，如图1-2所示。

（1）机械传动型

机械传动型纯电动汽车的结构如图1-2（a）所示，它是以发动机前置、后轮驱动的燃油发动机汽车结构为基础发展而来的，保留了燃油发动机汽车的传动系统，不同之处是把发动机换成了电机。这种结构可以确保纯电动汽车的起动转矩及低速时的后备功率，对驱动电机要求低，因此，可选择功率较小的电机。

图1-2 纯电动汽车驱动系统布置形式

C—离合器；D—差速器；FG—固定速比减速器；GB—变速器；M—电机

（2）无变速器型

无变速器型纯电动汽车的一种结构如图1-2（b）所示，该结构的最大特点是取消了离合器和变速器，采用固定速比减速器，通过控制电机来实现变速功能。这种结构的优点是机械传动装置的质量轻、体积小，但对电机的要求比较高，不仅要求其具有较高的起动转矩，而且要求具有较大的后备功率，以保证纯电动汽车的起步、爬坡、加速等动力性能。

无变速器型纯电动汽车的另外一种结构如图1-2（c）所示，这种结构与燃油发动机汽车的发动机横向前置、前轮驱动的布置方式类似。它把电机、固定速比减速器以及差速器集成为一个整体，两根半轴连接驱动车轮。这种结构在小型纯电动汽车上应用十分普遍。

（3）无差速器型

无差速器型纯电动汽车的结构如图 1-2（d）所示，这种结构采用了两台电机，通过固定速比减速器来分别驱动两个车轮，可以实现对每个电机转速的独立调节。因此，当汽车转向时，可以通过电机的电子控制系统控制两个车轮的差速，从而达到转向的要求。但是，这种结构的电机控制系统相对来说比较复杂。

（4）电动轮型

电动轮型纯电动汽车的一种结构如图 1-2（e）所示，这种结构是将电机安装在驱动车轮内侧，可以进一步缩短电机到驱动车轮之间的动力传递路径，减少能量在传动路径上的损失，但要实现纯电动汽车的正常工作，还需要添加一个速比较大的行星齿轮减速器，将电机的转速降低到理想的转速以驱动车轮。

电动轮型纯电动汽车的另一种结构如图 1-2（f）所示，这种结构将低速外转子电机的外转子直接安装在车轮的轮缘上，去掉了减速齿轮，因此电机和驱动车轮之间没有任何机械传动装置，没有机械传动损失，能量的传递效率高，空间的利用率最大。但是这种结构对电机的性能要求较高，要求其具有很高的起动转矩和较大的后备功率，以确保车辆的可靠工作。

2．按车载电源数不同分类

按车载电源数不同，纯电动汽车可以分为单电源型纯电动汽车和多电源型纯电动汽车两种。

（1）单电源型

在单电源型纯电动汽车上，主要电源一般是动力电池，如铅酸蓄电池、镍氢电池、锂离子电池等。单电源型纯电动汽车的结构较为简单，控制也比较简单，其主要缺点是主电源的瞬时输出功率容易受动力电池性能的影响，车辆制动能量的回馈效率也会受制于动力电池的最大可接受电流及其荷电状态（剩余电量）。

（2）多电源型

多电源型纯电动汽车一般由动力电池加其他辅助储能装置构成。采用动力电池加超级电容或动力电池加飞轮电池的电源组合，可以降低对动力电池的容量、比能量、比功率等的要求。当汽车起步、加速、爬坡时，辅助蓄能装置（超级电容、飞轮电池）可短时间内输出大功率，协助动力电池供电，使纯电动汽车的动力性提高；当汽车制动时，则利用辅助蓄能装置接受大电流充电，提高制动能量回馈的效率。

3．按用途不同分类

按照用途不同，纯电动汽车主要分为纯电动轿车、纯电动货车、纯电动客车和纯电动专用车 4 种。

目前纯电动专用车多数为微型汽车。纯电动微型汽车有载客式、载货式及其他用途式，如图 1-3 所示。这些纯电动汽车的特点是体积小，车速低，一般最高车速在 50～60 km/h，续驶里程较短，成本低。

三、纯电动汽车的特点与要求

1．纯电动汽车的特点

（1）优点

① 污染少。纯电动汽车以清洁的电能作为能源，不会产生有害气体，也不会产生 CO_2 等温室气体，基本上可以实现"零排放"。

（a）高尔夫球车　　　　　（b）巡逻车　　　　　　（c）观光车

（d）微型载货车　　　　　（e）垃圾车　　　　　　（f）叉车

图1-3　纯电动微型汽车示例

即使按所耗电量换算为发电厂的排放，除硫和微粒外，其他污染物也显著减少。由于发电厂大多远离人口密集的地方，因此对人类伤害较少，而且电厂是固定不动的，废弃物集中排放，清除各种有害排放物较容易。

② 噪声低。电机工作过程中产生的噪声远小于燃油发动机汽车的发动机噪声。

③ 能源利用率高。在城市工况下，汽车的平均行驶速度较低，时常处于走走停停的状态。对于燃油发动机汽车来说，这种工况下发动机效率不高，燃油消耗较大；而纯电动汽车对这种工况的适应性较好，明显提高了能源利用率。有关研究表明，同样的原油经过粗炼，送至电厂发电，电能充入电池，由电池给电机提供动力，再由电机驱动汽车，其能源利用效率比经过精炼变为汽油，再经汽油机驱动的汽车高，因此有利于节约能源和减少CO_2的排放量。

纯电动汽车还可以充分利用晚间用电低谷时富余的电力充电，使发电设备日夜都能充分利用，大大提高其经济效益。

纯电动汽车可以实现制动能量回收，也会节省部分能源。

④ 能源来源广泛。由于电力可以从多种一次能源获得，如煤、核能、水力、风力、光、热等，因此可减少人们对石油资源日渐枯竭的担心。

⑤ 制造与维修成本低。纯电动汽车相对于燃油发动机汽车来说结构简单，运转部分少，使用维修方便，维护工作量少。

（2）缺点

① 目前动力电池生产技术尚不完善，高性能的动力电池仍处于研发阶段。

② 整车价格高。纯电动汽车的动力电池较贵，又没形成经济规模，故购买价格较高。

③ 高压安全技术有待提高。

2. 纯电动汽车的要求

符合国际和市场需求的纯电动汽车必须遵守以下几项要求。

① 纯电动汽车的研发、制造、运营必须符合国家各项相关法规。整车、零部件性能必须满足国家技术标准和各项具体要求。

② 纯电动汽车是以电为能源，由电机驱动行驶的，不再产生新的污染，不再产生易燃、易爆的隐患。

③ 纯电动汽车储能用的电池必须是无污染、环保型的，且具有较长的寿命，具备快速充电的性能。车辆根据用途确定一次充电的续驶里程，以此装配够用电量的电池组，充分利用公用充电站快速充电以延长续驶里程。

④ 纯电动汽车电机组应有高效率的能量转换能力。制动、减速能量可直接利用和回收，力求车辆能源综合利用的高效率。

⑤ 根据车辆用途及行驶场合设定最高车速，且不得超过交通法规的限定值，以便合理选择电机的功率和配置电池组的容量。

⑥ 车辆驾驶操纵简单有效、工作可靠，确保行车安全。

⑦ 机械和电气装置耐用、少维修，车辆运营费用低。

⑧ 以目标市场需求为依据，提供实用、合适的车型满足市场，力求做到技术、经济、实用、功能诸方面的综合统一。

2012 年 5 月 11 日，《纯电动乘用车 技术条件》（GB/T 28382—2012）正式发布实施，该标准适用于使用蓄电池提供动力、5 座以下的纯电动汽车。该标准对纯电动乘用车的车速、安全、质量分配、加速性能、爬坡性能、低温性能、可靠性等方面的技术指标作了详细的规定。这标志着今后各汽车生产商将会按统一的标准生产纯电动乘用车。

四、纯电动汽车的历史与现状

1. 纯电动汽车的历史

1834 年，苏格兰人德文博特（T. Davenport）制造了一辆电动三轮车，它由一组不可充电的简单玻璃封装的干电池提供动力，只能行驶一小段距离。1839 年，苏格兰人罗伯特使用不可充电电池制造了第一辆纯电动汽车。1859 年，法国人普兰特（C. Plante）发明了世界上第一只可充电的蓄电池，为后来纯电动汽车的发展奠定了基础。1881 年，法国工程师特鲁夫（C. Trouve）第一次将直流电机和可充电的铅酸蓄电池用于私人车辆，并在同年巴黎举办的国际电器展览会上展出了一辆能实际操作使用的电动三轮车。1885 年，德国人卡尔·奔驰（K. Benz）发明了汽油机驱动的汽车，并于 1886 年 1 月 26 日获得专利，成为人类历史上的伟大创举。但是，由于当时纯电动汽车比燃油发动机汽车结构简单，且只需配有电机和电池，制造起来比较容易，而燃油发动机汽车性能比较差，发动机起动也很困难，因此，在初期阶段，纯电动汽车得到了发展。

19 世纪末，美国、英国和法国的许多公司都开始生产纯电动汽车。最早的纯电动汽车制造厂是 Morria 和 Salam 的电动客车和货车公司。另一个比较早的纯电动汽车生产商是波普（POPE）制造公司，到 1898 年年底，波普生产了大约 500 辆 Calumlria 型纯电动汽车。1896—1920 年，Riker 纯电动汽车公司生产了多种不同类型的纯电动汽车，其中 1897 年生产的 Victoria 是一种设计较好的车型。除了美国纯电动汽车制造厂外，英国的伦敦电动出租汽车公司在 1897 年生产了 15 辆电动出租车。法国的 BGS 公司在 1899—1906 年也生产了几种不同类型的商用型纯电动汽车，包括小汽车、货车、客车和豪华轿车。1899 年，比利时人 Camille Jenatzy 驾驶的电力驱动汽车 Jamais Contente 首次实现了 100 km/h 以上的车速。

1895—1915 年是早期纯电动汽车的黄金时代。1900 年，在美国销售的 4200 辆汽车中有38%是纯电动汽车，22%是燃油发动机汽车，40%是蒸汽机汽车。在当时，纯电动汽车是金融巨头的代步工具及财富的象征。

进入 20 世纪以后，由于大量油田被发现，石油开采提炼和内燃机技术迅速进步，而纯电动汽车则由于电池技术进步缓慢，在性能、价格等方面都难以与燃油发动机汽车竞争而逐步被其所取代。1911 年，凯特灵（Kettering）发明了汽车发动机起动机，使得燃油发动机汽车更具吸引力，从此打破了纯电动汽车在市场上的主导地位。而福特汽车公司的出现几乎使纯电动汽车的发展彻底停止，到 20 世纪 30 年代，纯电动汽车几乎消失了。

直到 20 世纪 70 年代初，因石油危机和空气污染等原因才促使人们重燃对纯电动汽车的希望，美国、英国、法国、德国、意大利和日本开始发展纯电动汽车。20 世纪 70 年代后期，世界上许多国家和地区的公司都开始研制纯电动汽车。但是石油价格在 20 世纪 70 年代末开始下跌，在纯电动汽车成为商业化产品发展起来之前，石油短缺等能源危机变得不再严重，因而纯电动汽车的商业化失去了动力，纯电动汽车的发展显著变慢，又开始走入低谷。

2. 纯电动汽车的现状

20 世纪 80 年代，由于人们日益关注空气质量和温室效应所产生的影响，纯电动汽车的发展再次获得生机。20 世纪 90 年代初，一些国家和城市开始实行更严格的排放法规。1990年，美国加利福尼亚州大气资源管理局（CARS）颁布了一项法规，规定 1998 年在加利福尼亚州出售的汽车中，2%必须是零排放车辆（ZEVs），到 2003 年零排放车辆应达到 10%。受加利福尼亚州法规的影响，美国其他州以及世界其他国家开始制定类似的法规，纯电动汽车被认为是符合零排放标准的唯一可用的技术，所以纯电动汽车迅速发展起来。

汽车制造商在不断推动纯电动汽车技术发展的同时，开始将纯电动汽车商业化。在世界范围内，尤其在美国、日本和欧洲国家，许多汽车生产商开始生产纯电动汽车或者涉及纯电动汽车领域。在美国，通用、福特、克莱斯勒、美国纯电动汽车公司等为了响应加利福尼亚州的法规，在纯电动汽车的发展中起着很重要的作用；在日本，几乎所有的汽车生产商，如丰田、日产、本田、马自达、大发、三菱、铃木和五十铃等汽车公司等都制订了自己的商业化纯电动汽车的发展计划；欧洲的许多国家，尤其是法国、德国、意大利和英国都启动了纯电动汽车发展计划，其中较活跃的汽车公司有雪铁龙、雷诺、宝马、奔驰、奥迪、沃尔沃、大众、欧宝和菲亚特等。除了汽车生产商以外，还有一些电力公司和电池生产商在纯电动汽车的示范中也起着积极的作用，其目的都是促进以充电电池为动力的纯电动汽车的商业化，并最终获得商业利益。通常他们和汽车生产商合作来发展纯电动汽车，或者选购纯电动汽车用于电池评估和演示。虽然在这一阶段，纯电动汽车受到了各大企业的重视，但是由于电力电子学尚未建立，既没有完善的科学理论作指导，更缺乏高科技含量的电力电子装置可供采用，特别是，当时几乎只有铅酸蓄电池可供使用，而由于铅酸蓄电池体积大、质量重、能量密度小、功率密度低、充电时间长以及每次充足电后续驶里程较短，再加上电力传动系统的制造成本过高等因素困扰，阻碍了纯电动汽车的大规模发展。

2000 年以来，随着各国对纯电动汽车技术研发投入的不断加大，车用动力电池、电机及其控制系统等瓶颈技术取得了重大进展，电力电子、控制技术和信息技术的广泛应用促使纯电动汽车技术深入发展、日臻完善，产品的可靠性、寿命得到明显提升，成本得到有效控制，纯电动汽车技术在世界范围内得到快速发展，一批装备了先进动力电池的纯电动汽车已经进入或即将进入消费市场。

3. 我国纯电动汽车的发展现状

"八五"期间，国家计划委员会和国家科学技术委员会将电动汽车项目正式列入国家研究和攻关计划。"九五"期间，科学技术部把电动汽车列入国家重大产业工程项目，完成了纯电动轿车先导车的研制和全新纯电动轿车概念车的开发，建成了我国唯一的国家电动汽车运行试验示范区；另外，还研制出我国首辆纯电动大客车 YW6120DD 和我国首辆具有完全自主知识产权的纯电动公交车 BJD6100EV，完成了为期 3 年的载客示范试验。

"十五"期间，我国以开发电动汽车整车技术和关键零部件技术为重点，采取整车牵头、零部件配合、产学研相结合的模式，推动了电动汽车技术的研发。

"十一五"期间，我国继续坚持以电动汽车市场为产品开发的导向，以整车产品为载体，以电动汽车动力系统技术平台为核心，促进企业产品的开发和创新；以关键零部件工程化、系列化促进产业链的建设；以共性基础技术促进平台、总成和零部件的深入研究；以公共服务平台、基础设施和政策法规建设促进市场应用和推广。

通过十几年的努力，尤其是"十五"以来的重点攻关，我国逐步围绕纯电动客车和纯电动轿车形成了一个品种齐全、配套能力较强的产品技术链，在使用大容量锂离子动力电池方面克服了成组使用时充/放电性能、安全性能不佳和快速更换不易等技术难题，技术逐步成熟。

在电动汽车产品开发的同时，其示范应用同步进行。在各地政府的大力支持下，科学技术部在全国建立了电动汽车商业化示范城市，在北京、天津、杭州、株洲、威海和深圳等城市开展了不同车型、不同示范运营主体、不同运营管理方式和不同线路的小规模示范：一是在示范运行过程中检验了产品的可靠性，使得产品技术得到持续改进；二是通过区域和线路的商业化运行示范，探索了符合市场规律的商业运行模式，积累了丰富的运营管理经验；三是建立多元化、互动型的电动汽车示范运营技术服务体系，在运营过程中采集数据，为示范运营车辆的考核、评估和改进提供科学依据；四是在运营中逐步建立电动汽车商业化运行的政策支撑体系，研究政策效益，促进形成推广应用电动汽车的市场氛围。此外，通过示范运营进行科普教育，使广大民众了解、认识和尝试了电动汽车新技术，为人们进一步接受电动汽车打下一定的基础。

在纯电动汽车的研发方面，我国已掌握车辆动力系统匹配与车辆集成设计、整车控制系统等领域的核心技术，在电池、电机和整车研发与产业化等方面均取得重大突破。但在高性能纯电动汽车产品的可靠性和工程化能力上，仍落后于国外先进产品。表 1-1 所示为部分国内外纯电动乘用车技术参数对比。

此外，部分电机和电池所需的零部件材料、控制器基础硬件和芯片等核心零部件仍依赖进口，车辆整体成本较高。

表 1-1　　　　　　　　　国内外部分纯电动乘用车技术参数对比

	车型	同悦	e6	EV200	荣威E50	启辰晨风	逸动 EV	腾势 EV	Leaf	i3EV	Model S
	生产企业	江淮	比亚迪	北汽	上汽	东风日产	长安	比亚迪·戴姆勒	日产	宝马	特斯拉
整车参数	车长/mm	4155	4560	4025	3569	4467	4620	4642	4445	4006	4978
	整备质量/kg	1200	2295	1295	1080	1494	1610	2090	1493	1195	2090
驱动电机	电机类型	永磁同步	永磁同步	永磁同步	永磁同步	永磁同步	永磁同步	永磁同步	永磁同步	永磁同步	三相异步
	最大功率/kW	27	90	53	52	109	90	86	80	125	225
	最大转矩/N·m	170	450	180	155	254	280	290	280	250	600
动力电池	电池类型	磷酸铁锂	磷酸铁锂	三元锂	磷酸铁锂	磷酸铁锂	锂离子	磷酸铁锂	锂离子	锂离子	锂离子
	电池能量/kW·h	18	63	30.4	18	24	26	47.5	24	19	70

续表

车型	同悦	e6	EV200	荣威E50	启辰晨风	逸动 EV	腾势 EV	Leaf	i3EV	Model S
生产企业	江淮	比亚迪	北汽	上汽	东风日产	长安	比亚迪·戴姆勒	日产	宝马	特斯拉
整车性能 最高车速（km/h）	95	140	130	130	145	140	120	150	150	200
0～100km/h 加速时间[①]/s	—	10	15	14.6	4（0～50km/h）	—	14	9.9	7.2	6.2
续驶里程/km	150	300	245	120	175	200	253	200	160	370
参考价格/万元（补贴后）	7.5	30.98	22.69	23.49	26.78	23.49	36.9	18	41.68	39

注：① 0～100km/h 加速时间在行业内俗称"百公里加速时间"。

近年来，我国在纯电动乘用车产品及技术研发领域取得阶段性成果，部分中高端产品达到国际一流水平，具备了商业化推广条件。代表性的产品有腾势电动汽车、启辰晨风电动汽车等。由于采用新型的三元锂电池代替磷酸铁锂电池，纯电动乘用车的续驶里程得到大幅度提高。如北汽的 EV200 纯电动汽车的续驶里程相比 E150EV 增加了 80 km，达到 245 km。

我国纯电动乘用车换代产品技术进步显著。以江淮同悦系列纯电动汽车为例，几经改进，至 2016 年已进入第五代产品，是国内纯电动乘用车技术进步的典型代表，其主要产品技术参数见表 1-2。

表 1-2　　　　　　　　　　江淮 iEV 系列纯电动汽车技术参数

车型		iEV3	iEV4	iEV5	iEV5+
	上市时间/年	2013	2014	2015	2016
整车参数	车辆尺寸（长×宽×高）/(mm×mm×mm)	4155×1650×1445	4190×1650×1445	4320×1710×1515	4320×1710×1515
	整备质量/kg	1260	1200	1250	1260
驱动电机	电机类型	永磁同步	永磁同步	永磁同步	永磁同步
	额定功率/最大功率/kW	18/42	18/42	25/50	25/50
	最大转矩/N·m	170	170	215	215
动力电池	电池类型	磷酸铁锂	磷酸铁锂	三元锂	三元锂
	电池组能量/kW·h	19.2	19.2	23.3	33
	电池额定电压/V	307	307	307	307
整车性能	最高车速/（km/h）	100	95	120	120
	0～50 km/h 加速时间/s	6	6	6	6
	综合工况续驶里程/km	130	152	200	251
	最大爬坡度/%	25	25	25	25
	百公里能耗/kW·h	14.6	12.5	14	14

五、国内外主要纯电动汽车品牌

1. 国外主要纯电动汽车品牌

（1）美国

① 特斯拉。特斯拉（Tesla）是一家美国电动汽车及能源公司，产销电动汽车、太阳能板及储能设备。总部位于美国加利福尼亚州硅谷的帕罗奥多，2003 年由马丁·艾伯哈德和马克·塔彭宁共同创立。

特斯拉第一款汽车产品 Roadster（见图 1-4）发布于 2008 年，是全球首款量产版电动敞篷跑车。这是第一辆使用锂电池技术，每次充足电能够行驶 320 km 以上的纯电动汽车。

历经多年的研发，特斯拉发布了多款纯电动汽车，如 Model S、Model X、Model S P85D、Model S P90D、Model S 90、Model S 70、Model S 60、Model S 60D、Model 3 等。

② 通用。通用雪佛兰 VOLT（见图 1-5）是增程式纯电动汽车（也有将其归入混合动力汽车）。整个系统采用串联式结构，发动机的动力经过发电机转换后再传递给驱动电机。动力系统由 1.0 L 三缸涡轮增压柔性燃料发动机和 16 kW·h 锂电池组组成，可实现最大续驶里程 1030 km，单靠电池提供动力的续驶里程为 64 km。用家用 220 V 电源充电 3.5 h 可将电池充满，同时也可以在行驶中使用发动机充电。

图 1-4 特斯拉 Roadster 纯电动跑车

图 1-5 通用雪佛兰 VOLT

历经多年研发，通用推出了多款纯电动汽车，如布兰达（Bolt）、欧宝（Ampera-e）等。

③ 福特。福特福克斯电动汽车（见图 1-6）。福克斯电动版在 2011 年国际消费电子展（CES）上首发。福特采用 LG Chem 公司开发的 23 kW·h 铁锂电池组，最大功率可达 91 kW，电机峰值转矩为 245 N·m，动力通过单级减速器传递到车轮。此外，福克斯电动版还配备其他的节能技术，比如电动助力转向和能量回收四轮盘式制动系统。

福克斯电动版可通过 120 V 和 240 V 插座充电。用 240 V 充电站充电，铁锂电池组可以在 3～4 h 完成。快充则在 30 min 内可以充电 80%。而用 120 V 家用电源，铁锂电池组可以在 18～20 h 充满。

（2）欧洲车系

① 宝马。宝马集团曾透露了该集团在电动汽车方面的战略规划，即到 2025 年，将提供 25 款电动汽车，其中 12 款为纯电动汽车。当前宝马在市场比较热销的电动汽车是 i3 和 i8（混合动力车型）。

宝马 i3 纯电动版是第一款车体主要由碳纤维材料制成的量产汽车，如图 1-7 所示。i3 的电机最大输出功率可达 125 kW，配备后轮驱动系统，0～100km/h 加速时间为 7.2 s，最高车速可达 150 km/h。i3 采用高速充电器，只需 1 h 就可为电池充入 80% 的电。

② 奔驰。奔驰早期的纯电动汽车为微型（smart）系列，2016 年发布了 3 款纯电动版本：smart fortwo（见图 1-8）、smart fortwo 敞篷版和 smart forfour。3 款车型由戴姆勒的全资子公司 smart（精灵）汽车有限公司研发生产。

三款 smart 电动汽车都将采用奔驰和雷诺共同研发的后置电机进行驱动，最大输出功率为 55 kW，峰值转矩为 130 N·m，内置了 17.6 kW·h 的锂电池，最高车速 125 km/h，续驶里程可达 450 km。0～100km/h 加速时间为 11.5 s，充电时间为 6～7 h。

图 1-6　福特福克斯电动汽车

图 1-7　宝马 i3 纯电动汽车

奔驰的首款纯电动乘用车为奔驰 EQC（见图 1-9），是一辆纯电动 SUV。EQC 采用纯电力驱动，动力系统将由两台电机和锂电池组构成。其中，两台电机的综合输出功率达300 kW，峰值转矩为 730 N·m，电池组能量为 79.2 kW·h。EQC 的 0～100km/h 加速时间不超过 5.1 s。

图 1-8　奔驰 smart fortwo 纯电动汽车

图 1-9　奔驰 EQC 纯电动汽车

③ 大众。在 2016 年巴黎车展前夕，大众发布了旗下全新紧凑级纯电动 I.D.概念车（见图 1-10），为大众基于 MEB（电气模块化）平台打造的首款紧凑级车型。

I.D.概念车是大众汽车全新电动汽车产品序列中的首款车型，采用了大众全新的设计理念，具有很高的辨识度。I.D.概念车由电机驱动，最大功率为 125 kW，单次充电后续驶里程可达 400～600 km。

④ 雷诺。雷诺早期纯电动汽车为微型纯电动汽车特翼（Twizy）（见图 1-11）。该车搭载了一台最大功率为 15 kW 的电机，最高车速可达 75 km/h。这款纯电动汽车完全充电过程仅需要 3.5 h，而新车的续驶里程可达 100 km，能满足城市日常通勤需求。

雷诺后期纯电动汽车产品有风朗（Z.E.）、特翼、ZOE 等。

2016 年巴黎车展上，雷诺正式发布了全新 TREZOR 概念车（见图 1-12）。TREZOR 概念车可以看作是 2010 年雷诺推出的概念车 DeZir 的延续，展现了雷诺品牌对于未来出行模式以及对未来汽车制造的展望，设计理念上采用多项新技术。雷诺 TREZOR 概念车将采用完全独立驾驶的模式，可实现完全不需要驾驶者干预的独立驾驶功能，采用纯电力驱动，搭载来自 LG 的全新锂电池组，并拥有最高 402 km 的续驶里程。

图 1-10　大众纯电动 I.D.概念车

图 1-11　雷诺 Twizy 微型纯电动汽车

（3）日本车系

日本在电动汽车方面成绩突出的企业是日产（NISSAN）。日产聆风（Leaf）为五门五座掀背轿车，如图 1-13 所示，由层叠式紧凑型锂离子电池提供动力。日产 Leaf 在 2010 年年底于欧美以及日本市场上市，这款车型从 2011 年开始进入中国销售。

图 1-12　雷诺 TREZOR 纯电动概念车

图 1-13　日产 Leaf 纯电动汽车

作为全球高销量的纯电动汽车，2017 年日产第二代 Leaf 上市。新款车型除在外形、内饰上采用更具科技感的设计以外，还加入了高级自动驾驶、单踏板操作等新技术。

日产 Leaf 使用新研发的锂电池组，其性能表现与普通经济型掀背车接近，电池组最大能支持 88 kW 的电机。日产 Leaf 此次配搭的电机的峰值输出转矩为 280 N·m。Leaf 的快充模式能够在 30 min 内将电池组电量补充到 80%，大大改善了电池组不能迅速补给的难题。但快速充电仅适用于紧急之需，将电池充满仍然需要 8 h，车主可以利用夜间进行充电。

2．国内主要电动汽车品牌

（1）纯电动客车

我国有很多客车生产厂家在研发和生产纯电动客车，如牡丹汽车股份有限公司、郑州宇通客车股份有限公司、厦门金龙汽车集团股份有限公司、中通客车控股股份有限公司、金龙联合汽车工业（苏州）有限公司（海格客车）、安徽安凯汽车股份有限公司、上海申龙客车有限公司、河南少林客车股份有限公司、比亚迪汽车工业有限公司等。其中比亚迪、宇通、海格都是比较有名的客车品牌。

比亚迪纯电动客车有多个车系，例如 K 系列（如 K8、K9 等）纯电动公交车、C 系列（如 C7、C8 等）旅游团体客车、BYD6110 系列客运客车等。图 1-14 所示为由广汽与比亚迪合作研发生产的纯电动客车 K9，该车型已经在大连、广州、北京、三亚、桂林、

图 1-14　广汽比亚迪 K9 纯电动客车

蚌埠、青岛等多座城市投入公交运输服务。该款车型在城市公交工况下续驶里程超过 250 km。

（2）纯电动货车

据工信部提供的信息，在我国，研发生产纯电动货车的六大知名企业为比亚迪汽车工业有限公司、成都大运汽车集团有限公司、东风汽车集团有限公司、安徽华菱汽车股份有限公司、一汽解放汽车有限公司和湖北三环汽车有限公司。其生产的主要车型和基本数据见表1-3。

表 1-3　　　　　　　　我国主要纯电动货车生产企业及其主要产品

序号	生产企业	车型	产品型号	总质量/kg	额定质量/kg	整备质量/kg	续驶里程/km	搭载电量/kW·h
1	比亚迪汽车工业有限公司	纯电动自卸车	BYD3310EH9BEV	31000	15375	15495	260	324
2		纯电动自卸车	BYD3250EEFBEV	25000	12375	12495	240	311
3		纯电动混凝土搅拌运输车	BYD5320GJBBBEV2	32000	16370	15500	260	324
4		纯电动半挂牵引车	BYD4180D8DBEV	18000		9950	210	350
5	成都大运汽车集团有限公司	纯电动牵引汽车	CGC4180BEV1AACJNALD	18000		8030	105	130.1
6		纯电动牵引汽车	CGC4250BEV1AADKRCGD	24700		14000	170	290.61
7	东风汽车集团有限公司	纯电动教练车	EQ5120XLHTBEV1	12400		4610	90	58.34
8		纯电动翼开启厢式车	EQ5180XYKTBEV	18000	8575	9230	100	122.57
9		纯电动厢式运输车	EQ5180XXYTBEV1	18000	8605	9200	100	122.57
10		纯电动厢式运输车	EQ5180XXYTBEV	18000	9005	8800	102	130
11	安徽华菱汽车股份有限公司	纯电动混凝土搅拌运输车	HN5250GJBB25D4BEV	25000	8805/8870	16000	108	164.51
12	一汽解放汽车有限公司	纯电动自卸汽车	CA3251P66T1BEV	25000	12440/12375	12430	120	130
13		平头纯电动牵引车	CA4181P25BEVA80	18000		8300	100	130
14	湖北三环汽车有限公司	纯电动牵引汽车	STQ4181L02Y4NBEV	18000		6940	100	130
15		纯电动厢式运输车	STQ5181XXYNBEV	18000	9105	8700	100	130

比亚迪于2013年开始研发电动卡车，是国内最早投入新能源卡车研发的企业，也是国内最早将新能源卡车投入商业化运营的企业。尤其是针对技术门槛高的新能源重卡，比亚迪已积累了两年多的规模化运营经验，早于戴姆勒、特斯拉发布纯电动重卡及商业化运营时间。

图 1-15 所示为比亚迪 T10 纯电动自卸车，总质量达 31000 kg，额定载质量为 15375 kg，搭载型号为 BYD-3425TZ-XS-A 的永磁同步电机，以及自主研发的磷酸铁锂电池，动力电池组总能量 324 kW·h，续驶里程（等速法）达 260 km。

（3）纯电动场地车

作为我国最早研究电动汽车的企业，东风汽车集团有限公司在"八五"计划初期展开电动汽车研究开发。2007 年 8 月，东风电动汽车股份有限公司正式与北京奥组委签约，东风纯电动场地车成为北京奥运会各比赛场馆的唯一服务用车。自2007 年 8 月到2008 年奥运会期间，500 余台纯电动场地车服务于检测赛，预赛，决赛及开、闭幕式等各个奥运场馆及奥运村。

东风电动汽车股份有限公司场地车主要有电动观光车、电动游览车、电动警车、电动巡逻车、电动货车、电动高尔夫球车、电动多功能车等。图 1-16 所示为一款东风电动观光车。

（4）纯电动轿车

① 比亚迪纯电动轿车。作为国内新能源汽车领域的领导者之一，比亚迪销量优势显著，

占比超国内新能源汽车同期销量的 1/5，其中销量比较好的纯电动汽车有比亚迪秦 EV300、比亚迪 e6（见图 1-17）、比亚迪 e5。比亚迪 e6 是全球首款纯电动出租车，提倡"减排、低碳"，一次充满电可连续行驶 300 km，百公里能耗为 21.5 kW·h 左右，相当于燃油发动机汽车 1/4～1/3 的消费价格，且电能储备输出的动力非常强劲，在动力输出方面，可达 75 kW，10 s 内可达到最高车速 140 km/h。使用专业充电站，比亚迪 e6 可在 15 min 充入 80%电量，电费需要花费人民币约 13 元［按 0.6 元/（kW·h）计算］。

图 1-15　比亚迪 T10 纯电动自卸车

图 1-16　东风电动观光车

② 奔腾纯电动轿车。奔腾 B50 EV 采用一汽技术中心自主研发的纯电动乘用车动力平台，整个平台由电机、电池、减速器、整车控制器、电动附件和专用显示仪表等组成，该动力系统具有起动电爬行、纯电动、再生制动、电子驻车制动、家用充电、快速充电等功能。

2014 年上市的奔腾 B50 EV（见图 1-18）纯电动轿车在外观造型和车身尺寸方面，与现款汽油版 B50 保持一致。动力方面，采用的是富奥汽车零部件股份有限公司提供的电机和三元锂电池，电机额定功率为 35 kW。

图 1-17　比亚迪 e6 纯电动轿车

图 1-18　2014 款奔腾 B50 EV 纯电动轿车

③ 北汽纯电动汽车。北汽新能源作为纯电动汽车领航者，专注纯电动汽车领域，已经推出 EH、EU、EX、EV、EC、LITE 六大系列 10 余款车型的纯电动乘用车。北汽 301 EV 电动汽车曾经出现在 2008 年 4 月的北京车展上，当时命名为 C30 EV。该车型配备可输出 47 kW 的交流感应电机，峰值转矩为 82 N·m，聚合物锂电池的容量为 100 A·h。301 EV 电动汽车的最高车速为 160 km/h，一次充电最高可行驶 200 km 以上，最大可爬 30°的斜坡。

北汽新能源 EH 300 是一款主打高端商务的纯电动汽车，总体来说更适合商务接待或是有公务需求的人群。而且其不仅是北汽新能源首款 B 级纯电动轿车，也是目前纯电动行政级商务轿车这一细分市场的少见车型之一。

北汽新能源 EH 300 搭载一台最大功率为 100 kW 的电机，配备三元锂电池，电池能量为 54.6 kW·h。综合工况续驶里程可达 300 km，60 km/h 等速工况下续驶里程超过 380 km，具有快充和慢充两种充电方式，普通慢充 10 h 可将电池充满，快充 45 min 即可充到电池电量的 80%。

北汽 ET 400（见图 1-19）是北汽推出的一款纯电动 SUV。动力方面，新车搭载北汽新能源 e-Motion Drive 超级电驱技术，同时还有望配备更大功率的电池组，最大续驶里程将超过 400 km。新车还将搭载一套全新人工智能（AI）语音服务系统。

④ 奇瑞纯电动汽车。奇瑞瑞麒 M1 EV 纯电动汽车是在奇瑞 S18 平台基础上开发的一款纯电动汽车，于 2008 年 11 月 5 日在电动汽车大会现场宣布上市销售。瑞麒 M1 EV 纯电动汽车搭载了大功率的电驱动系统，并配备了 45 A·h 或 60 A·h 的高性能锂电池，最高车速为 120 km/h，最大续驶里程为 150 km。在普通 220 V 民用电源上慢充，充电时间为 6～8 h，利用专业充电站充到电池电量的 80% 需要 0.5 h。

目前市场上在销售的奇瑞纯电动汽车为奇瑞 eQ，如图 1-20 所示。

图 1-19　北汽 ET 400 纯电动 SUV　　　　　图 1-20　奇瑞 eQ 纯电动汽车

奇瑞 eQ 搭载的是一台永磁同步电机，其最大输出功率为 42 kW，峰值转矩为 150 N·m。传动系统与电机匹配的是单一速比直驱无级变速系统。而变速杆上则设计有两种形式：舒适型为传统换挡手柄，豪华型则为换挡旋钮。

⑤ 长城哈弗电动汽车。继长城哈弗 M3 EV 电动汽车问世，经历电动汽车欧拉等车款，2017 年，首款纯电动轿车长城 C30 EV（见图 1-21）正式上市，共推出 3 款车型。

长城 C30 EV 采用三元锂电池，综合工况续驶里程为 200 km，同时配备快充、慢充两种模式，常温情况下，仅需 40 min 即可充入 80% 的电量。长城 C30 EV 搭载水冷永磁同步交流电机，最大功率为 90 kW，最大转矩为 240 N·m，0～50km/h 加速仅需 5.5 s，最高车速可达 140 km/h；同时还标配能量回收系统，增加 5%～15% 的续驶里程的同时，可辅助制动。

新车充分考虑了电池的安全问题，配备了全方位电池防护系统，雨天充电和普通涉水均可正常工作，极端碰撞条件下仍能保障安全。此外，长城 C30 EV 三大核心部件——动力电池、电机和电控系统还提供 8 年或 12 万千米超长质保。

⑥ 长安纯电动轿车。继第一款纯电动汽车奔奔 MINI 研发成功后，历经欧尚、欧力威、逸动等车型的发展。

长安 CS15 EV（见图 1-22）基于燃油版的 CS15 打造，共推出 350e 和 350i 两款车型，60 km/h 等速续驶里程可达 350 km，综合续驶里程为 300 km。

图 1-21　长城 C30 EV 纯电动汽车

图 1-22　长安 CS15 EV 纯电动汽车

长安 CS15 EV 搭载由一台永磁同步电机和一组 42.92 kW·h 的三元锂电池。最大功率为 55 kW，峰值转矩为 170 N·m，综合工况续驶里程为 300 km，在 60 km/h 等速工况下最大续驶里程可达 350 km。采用快充模式充至 80% 的电量只需 40 min，慢充模式下充满需要 10 h 左右。

⑦ 吉利纯电动汽车。继吉利熊猫纯电动微型汽车（A00 级）之后，2015 年吉利系列帝豪 EV 正式上市。吉利纯电动轿车为 2017 款吉利帝豪 EV 300（见图 1-23），分为精英型、尊贵型和进取型 3 种。

电池类型为三元锂电池，最高车速为 140 km/h，续驶里程达 300 km，快充模式下 45 min 内可充入 80% 的电量。

⑧ 荣威纯电动轿车。荣威 e1 是上海汽车集团股份有限公司旗下一款代表新能源汽车产业"中国水平"的纯电动概念车，也是 2010 年上海世博会中国国家馆内唯一的新能源汽车展品，是上汽瞄准国际先进水平，自主开发的一款纯电动汽车，于 2012 年年底实现量产。e1 为单厢三门四座 A00 级轿车，车身设计运用 One Box 概念，最大限度地拓展了车辆内部空间。

e1 搭载了性能安全的磷酸铁锂电池系统，最高车速为 120 km/h，最大续驶里程为 135 km，0～100km/h 加速时间为 16 s。该车具备快速充电功能，30 min 内可充入 80% 的电量。

经多年的研发，上汽设计生产了多款纯电动轿车，主要有荣威 E50、荣威 E550、荣威 E950、荣威 RX5。荣威"光之翼"概念车（见图 1-24），是上汽荣威于 2017 年上海车展推出的一款纯电动超级轿跑 SUV，最大续驶里程超过 500 km。2018 年，基于"光之翼"Vision-E 概念车打造的纯电动超级轿跑 SUV 和纯电动互联网商旅车正式上市。

"光之翼"Vision-E 概念车采用双电机驱动，0～100km/h 加速时间小于 4 s。新车电池储能仅为特斯拉 Model X 的一半，但最大续驶里程超 500 km，综合工况续驶里程超 400 km。此外，该车还将支持无线充电技术，充电 15 min 可充入 80% 的电量，足够行驶 250 km。

图 1-23　吉利帝豪 EV 300 纯电动轿车

图 1-24　上汽荣威"光之翼"纯电动概念车

⑨ 东风日产启辰晨风纯电动汽车。启辰晨风（见图 1-25）是东风日产在中国市场上的

第一辆量产纯电动汽车，其电池、电机、电控等核心技术与全球畅销超过 25 万台的日产聆风一脉相承，日产聆风在海外已久经考验，几乎无电池安全事故。启辰晨风是 2014 年正式上市的，代表着全球纯电动汽车的先进技术水平。2016 年 4 月，启辰晨风智联版重磅上市。同年 11 月，晨风领航极地版于广州车展首次亮相，电池安全再度升级。

启辰晨风纯电动汽车充满电后可行驶 180 km（比之前透露的数据更长），使用 220 V 普通电源充满电时间为 8 h。如果有快速充电桩，充电 3 min 即可行驶 30 km，充 5 min 可行驶 60 km，充 30 min 可充入 80% 的电池电量。

⑩ 江淮纯电动汽车。数据显示，2013 年以前，中国投放到市场上的纯电动轿车，江淮汽车占近 50%，经过近几年的研发，江淮也不断使用迭代开发的新技术，每年市场投放的汽车都有一定的批量，其中江淮 iEV4、江淮 iEV5、江淮 iEV6S（见图 1-26）均有不小的销量。

图 1-25 东风日产启辰晨风纯电动汽车　　图 1-26 江淮 iEV6S 纯电动轿车

六、纯电动汽车基本安全注意事项

纯电动汽车高压系统的电压高达数百伏，放电电流高达 200 A 以上。整个高压系统有直流高压电和交流高压电，对绝缘安全性要求较高。车身和电器存在高压危险。

学习、使用、维护和检修纯电动汽车时，应该严格按纯电动汽车高压安全操作规程进行。操作不当可能会发生人员触电、火灾甚至爆炸等事故，导致人身伤亡和财产损失。

1. 高压安全注意事项

① 在地面或车辆附近明显位置放置安全警示牌，以明示高压工作区域。不同企业生产的安全警示牌形式不同，图 1-27 为典型的高压安全警示牌式样。

② 正确选择和佩戴高压安全防护用具。维修带有高压电的车辆时，工作人员必须做好防止被高压电击伤的安全防护。虽然现有的纯电动汽车都设计有防止意外触电功能，但是针对事故车辆及这些车辆的高压动力电池组总成始终是存在高压电的。

防止触电的个人防护装备主要有绝缘手套、护目镜、绝缘鞋以及绝缘工作服等。

a. 绝缘手套。如图 1-28 所示，用于高压车辆维修的绝缘手套通常有两种独立的性能：一是在进行任何有关高压组件或线路的操作时，需要使用橡胶制成的电工绝缘手套，并能够承受 1000 V 以上的工作

图 1-27 高压安全警示牌　　图 1-28 绝缘手套

电压；二是具备抗碱性，当工作中接触来自高压动力电池组的氢氧化物等化学物质时，防止这些物质对人体组织的伤害。

绝缘手套需要定期检验，而且在每次使用前必须自行进行泄漏检查。

图 1-29 所示为绝缘手套的使用、检查流程与注意事项。

图 1-29　绝缘手套使用、检查流程与注意事项

b．护目镜。如图 1-30 所示，护目镜可防止电池液的飞溅。高压电车辆维修用的护目镜应该具有侧面防护功能，防止维修过程中产生的电火花对眼睛的伤害。

c．绝缘鞋（靴）。绝缘鞋的作用是使人体与地面绝缘，防止电流通过人体与大地之间构成通路，对人体造成电击伤害，把触电时的危险程度降低到最小。因为触电时电流是经接触点通过人体流入地面的，所以电气作业时不仅要戴绝缘手套，还要穿绝缘鞋。

如图 1-31 所示，绝缘鞋根据《个体防护装备职业鞋》（GB 21146—2007）进行生产，电阻值范围为 100 kΩ～1000 MΩ，具有透气性能好、防静电、耐磨、防滑等特性。

图 1-30　护目镜

图 1-31　绝缘鞋

绝缘鞋也要定期进行检验，图 1-32 所示为绝缘鞋的使用、检查流程与注意事项。

图 1-32　绝缘鞋使用、检查流程与注意事项

　　d. 绝缘工作服。维修高电压系统时，必须穿非化纤类的绝缘工作服，如图 1-33 所示。化纤类的工作服易产生静电，并且当发生火灾事故时，化纤会在高温环境下粘连人体皮肤，导致维修人员受到严重的二次伤害。

　　③ 使用绝缘的维修工具。维护高电压类车辆时，必须使用带有绝缘功能的工具，这些工具包括常用的套筒、呆扳手、螺钉旋具、钳子、电工刀等，也包括专用的仪表，如数字万用表等，如图 1-34 所示。

图 1-33　绝缘工作服

图 1-34　绝缘工具与绝缘仪表

　　使用绝缘工具可以有效防止意外触电事故的发生，我国的绝缘电动工具分为Ⅰ类、Ⅱ类和Ⅲ类 3 个类型，具体要求如下。

　　a. Ⅰ类工具是指采用普通基本绝缘体的电动工具。在防触电保护方面不仅依靠基本绝缘体，还应附加一个安全防护措施，即对正常情况下不带电，而在其基本绝缘体损坏时变为带电体的外露导电部分作保护接零。为了可靠，保护接零应不少于两处，并且还要附加漏电保护，同时要求操作者使用绝缘防护用品。

　　b. Ⅱ类工具是指采用双重绝缘或加强绝缘的电动工具。在防触电保护方面不仅依靠其基本绝缘体，而且有将其正常情况下的带电部分与可触及的不带电的可导电部分作双重绝缘或加强绝缘的隔离措施，相当于将操作者个人绝缘防护用品以可靠的、有效的方式设计制作在工具上。

c. Ⅲ类工具是指采用特低安全电压供电的电动工具。在防触电保护方面依靠安全隔离变压器供电。

在高电压电动汽车维修时，要求使用Ⅱ类及以上绝缘电动工具。

④ 注意分辨高压电缆和高压部件。橙色电缆及其所连接部件为交、直流高压电系统，存在高压电危险，严禁身体直接接触。

⑤ 车主及非电动汽车专业维修人员不得私自开启、拆装高压电气设备。

⑥ 如果高压熔断丝熔断，表明高压系统存在较大的故障，应与授权经销商联系，由专业人员进行维修。

2．纯电动汽车使用注意事项

（1）充电

纯电动汽车不宜过充电或过放电，最理想的充电时机是动力电池放电深度为 50%～70% 时，建议每天充一次电，使电池经常处于浅循环状态，可延长电池寿命。要用 16 A 的专用电线来接线，充电线路要选择合适的线径，线路敷设应固定安装，要加装短路和漏电保护装置。长期使用快充会造成电池寿命衰减，在具备充足充电时间的情况下，建议使用慢充补电。若纯电动汽车长期不用，要保持定期充电。

（2）停放

纯电动汽车长时间停放时应将辅助蓄电池的电源线拔下来。不要长时间放置于潮湿、高温、阳光暴晒等环境下。

（3）使用

起动车辆之前（上电之前）检查一下所有的线路连接是否紧固、正确。确保动力电池电量充足，避免过放电。开车时尽量避免急加速、急制动等情况的出现。假如出现撞车等事故，首先要拔下钥匙，切断电源，并远离车辆，再寻求厂家或汽车维修 4S 店的帮助。

（4）检修

纯电动汽车专业维修人员需有国家颁发的强电低压（1000 V 以下）电工维修资质证书才能进行维修操作。维修前，应首先拔下动力电池高压输出回路的维修开关（一般正规厂家生产的纯电动汽车的电池包上都有一个维修开关），然后再进行维修操作。操作步骤是：拔下钥匙，拔下维修开关，等 10 min 以上（不同厂家生产的纯电动汽车要求不同），让高压部件中的电容器件充分放电。然后再对纯电动汽车电气零部件及电缆线路进行检查、维修。

任务实施

一、准备工作

在技能学习工位准备好纯电动汽车（经高压终止并检验合格）及其相关技术资料。工具箱和防护用品柜内需有足够的专用维修工具和各类防护用品。

1．劳动保护

① 穿好绝缘工作服。

② 穿好高压绝缘鞋。

③ 检查并佩戴绝缘手套。

2．车辆防护

① 打开主驾驶车门，铺设脚垫、转向盘套、座椅套。

② 打开发动机罩，固定支架，铺设翼子板布和格栅布。

二、操作流程

1. 学生工作

① 在各自工位分组学习。

② 在充分学习本任务相关知识的基础上，通过查阅相关技术资料和观察纯电动汽车，完成技能学习工作单（见本书配套教学资源）。

③ 5S（整理、整顿、清洁、清扫、素养）工作。

④ 自我评价。

2. 指导教师工作

学生在进行上述操作过程中，指导教师进行下列工作。

① 向学生讲解安全注意事项，并要求学生在技能学习工作单中做记录。

② 观察、指导学生进行相关操作，及时制止可能发生危险的操作。

③ 实操结束后审阅学生完成的工作单，并结合其操作情况给出评价。

学习任务1-2　认识纯电动汽车结构

任务引入

纯电动汽车与燃油发动机汽车的主要差别体现在四大部件上，即驱动电机、调速控制器、动力电池及车载充电机。也就是说，纯电动汽车的品质差异取决于这四大部件，其价格高低也取决于这四大部件的品质，纯电动汽车的用途也与四大部件的选用和配置直接相关。

学习目标

1. 能够正确描述纯电动汽车的结构组成及各组成部分的功能。

2. 能够正确描述纯电动汽车驱动系统布置方式的种类及各类型组合方式的特点。

3. 能够正确描述增程式电动汽车的定义及其与插电式混合动力汽车的差异。

4. 能够正确描述增程式电动汽车各工作模式的工作原理。

5. 能够针对具体纯电动汽车，说明其结构特点与工作原理。

6. 能够注意培养劳动保护、安全与环保意识和团队协作意识。

相关知识学习

一、纯电动汽车的基本组成与工作原理

1. 纯电动汽车的基本组成

纯电动汽车由动力系统（动力电池及电池组管理系统、驱动电机及其控制系统、冷却系统等）、底盘（传动系统、行驶系统、转向系统和制动系统等）、车身和电气设备4部分组成。图1-35所示为典型的纯电动汽车主要总成布置图。

（1）动力系统

在研究分析纯电动汽车结构时，通常将纯电动汽车动力系统分为3个子系统，即电力驱动子系统、能源子系统和辅助子系统，如图1-36所示。

电力驱动子系统的功能是通过电子控制器电路与制动踏板和加速踏板相连，将制动踏板信号和加速踏板信号输入到电子控制器，以获得驾驶人的驾驶意图；通过控制驱动电机驱动

车辆并且进行制动能量回收。

图 1-35　典型纯电动汽车的主要总成布置

图 1-36　纯电动汽车动力系统构成

　　能源子系统的功能是对电力驱动子系统及辅助子系统供能，保证汽车上各元件有稳定的能量来源；能源子系统能够实时监测动力电池剩余电量，当动力电池能量不足时，能够提示对动力电池进行充电，以及时补充车辆的能量。

　　同燃油发动机汽车一样，纯电动汽车也配备有助力转向、空调、音响等系统，不同的是这些系统完全利用存储在动力电池中的电能，辅助子系统的作用就是完成助力转向、车内空调温度调节及夜间照明等功能。

　　① 动力电池。动力电池的作用是提供辅助电池及驱动电机的用电。为了满足纯电动汽车对高电压的需要，纯电动汽车大多数是以由多个单体电池串、并联形成的动力电池组作为动力源。单体电池也称为电池单元，是构成动力电池的最小单元，一般由正极、负极、电解质及外壳等构成，即常说的一节电池。几个单体电池并联在一起构成一个电池单元组，其电压与单体电池相同，但容量为并联单体电池容量的和。单体电池串联或单体电池与电

池单元组串联以及电池单元组串联则构成相对独立的电池模块（也称电池包），模块的大小及电压（包括容量）取决于串联的单体电池和电池单元组的数量，所以同一台纯电动汽车的各电池模块尺寸会有不同的规格。几个电池模块串联构成一个动力电池组，图1-37所示的动力电池组即由8个电池模块组成，其总电压为各电池模块的电压之和，用周期性的充电来补充电能。动力电池组是纯电动汽车的关键装备，它储存的电能及其自身的质量和体积对纯电动汽车的性能有决定性影响。

动力电池组在纯电动汽车上占据了很大一部分有效的装载空间，在布置上有相当的难度，通常有集中布置和分散布置两种形式。典型的动力电池组集中式布置形式如图1-38所示，动力电池组的支架为T形架，T形架装在车辆的地板下面

图1-37　典型纯电动汽车动力电池组

1～8—电池模块；9—电池控制ECU

和行李舱下面的车架上，动力电池组固定在T形架上，有很好的稳定性。在T形架上装有动力电池组的通风系统、电线保护套等，用自动和手动断路器在停车和车辆出现故障时切断电源，保证高压电路的安全。

典型的动力电池组的分散式布置形式如图1-39所示。动力电池组布置在纯电动汽车地板下面是最常见的布置方法，这样方便安装和拆卸。

图1-38　典型的动力电池组集中式布置形式

图1-39　典型的动力电池组分散式布置形式

② 驱动电机。驱动电机是纯电动汽车的动力装置。它是根据电磁感应原理实现电能转换的一种电磁装置，在电路中用字母M表示。它的主要作用是产生旋转运动，作为用电设备或各种机械的动力源。

③ 冷却系统。纯电动汽车的动力电池、驱动电机及其控制器工作时会产生大量的热量，需要进行强制冷却。动力电池的冷却通常采用风冷，其主要装置为鼓风机。驱动电机多采用水冷却，主要装置为水泵和散热器。驱动电机也有采用风冷的。

（2）底盘

① 传动系统。纯电动汽车有多种传动系统布置形式，典型的纯电动汽车传动系统如图1-40所示。由于电机具有良好的牵引特性，因此纯电动汽车的传动系统可不需要离合器和变速器。车速控制由控制器通过调速系统改变电机的转速即可实现。

② 行驶系统。纯电动汽车的行驶系统与燃油发动机汽车相似，主要包括车架、车桥、车轮和悬架等。

③ 转向系统。纯电动汽车的转向系统由转向操纵机构、转向器、转向传动机构等组成，具体包括转向盘、转向器、转向节、转向节臂、横拉杆、直拉杆等。纯电动汽车的转向系统多采用电动助力转向装置。

④ 制动系统。纯电动汽车的制动系统包括制动器、制动传动装置。现代纯电动汽车制动系统中，制动防抱死装置（ABS）已经成为标配。与燃油发动机汽车相似，纯电动汽车的制动系统也由行车制动和驻车制动两套装置构成。纯电动汽车多采用电动真空助力。

图 1-40 典型的纯电动汽车传动系统示意图

（3）车身

早期的纯电动汽车车身分为车头和车厢两个部分。车头是乘坐驾驶人的位置，一般可乘坐驾驶人和副驾驶人两人；车厢是根据客户需求改装而来，包括车厢配置、用料、空间设计等。

随着纯电动汽车的发展，现在多数纯电动汽车是以某种燃料车型改型而成的，所以其车身结构基本与燃油发动机汽车相同。为了使乘客获得最大的舒适感，纯电动汽车一般采用单人座并排的方式，至于座椅的数量则根据具体车型而有所不同。随着纯电动汽车向 B 级车和 SUV 方向发展，乘客室空间尺寸有增大的趋势，座位数也增多。

（4）电气设备

纯电动汽车电气设备主要包括发电机、充电系统、辅助电源（车载 12 V 电源）、照明灯具、仪表、音响装置、刮水器等组成。

① 发电机。发电机的主要作用是将机械能转换为电能，它在电路中用字母 G 表示。纯电动汽车的发电功能基本上都是由电机来完成的，即驱动电机为电动/发电机，可实现驱动和发电两种功能。

② 充电系统。纯电动汽车的充电系统主要包括车载充电器和充电接口，如图 1-41 所示。充电系统通常利用外接 220 V 交流电源，通过充电接口进入车载充电器，车载充电器再通过交直流转换，使得 220V 交流电转变成动力电池组充电所需的直流电压提供给动力电池。纯电动汽车也有利用 380 V 交流电源充电的，这种充电方式需要配备地面充电桩，将 380 V 交流电转换为直流电后给车辆充电。

（a）充电接口　　　　　　　　　　　　　　（b）车载充电器

图 1-41 充电接口与车载充电器

③ 辅助电源。所谓辅助电源，是指车载 12 V 蓄电池，其主要功能是为纯电动汽车的一些用电设备供电。

④ 灯具、仪表。灯具、仪表是提供照明并显示纯电动汽车状态的部件组合。仪表一般能够显示动力电池电压、整车速度、行驶状态、灯具状态等，智能型仪表还能显示整车各电气部件的故障情况。

工业用纯电动汽车除上述组成外，还需配备工业装置。工业装置是用来完成作业要求而专门设置的，如电动叉车的起升装置、门架、货叉等。

2. 纯电动汽车的驱动原理

纯电动汽车的电力驱动系统替代了燃油发动机汽车的发动机和变速器，依靠动力电池、逆变器和电机变速单元实现车辆的驱动。

图 1-42 所示为纯电动汽车的基本驱动系统结构示意图，当驾驶人踩下加速踏板时，车辆控制模块将控制动力电池输出电能，然后通过控制逆变器驱动电机运转，电机输出的转矩经齿轮机构带动车轮转动，实现车辆的前进或后退。纯电动汽车的能量流动如图 1-43 所示。

图 1-42 纯电动汽车基本驱动系统结构示意图

图 1-43 纯电动汽车能量流动

典型纯电动汽车工作原理如图 1-44 所示。电源接通汽车行驶时，主控 ECU 接收挡位控制器、加速踏板传感器等各方面信息，判断、计算后发出指令传递给电机控制器，以控制流向驱动电机的电流。此时，电池组电流通过应急开关、配电箱/继电器之后，一路经过电机控制器向驱动电机提供需要的电流，另一种经过 DC/DC 转换器，将 330 V 高压直流电转换为低压 42V，提供给 EPS（电动转向系统）电动机使用。同时，电池组接受电源管理器管理，将电池组的瞬时电压、电流、温度、存电情况等信息传递给电源管理器，以防止电池组过放电或温度过高而损坏。如果发生漏电情况，漏电保护器便起作用。一旦发生短路等紧急情况，保护装置（熔丝）即可熔断。

图 1-44　典型纯电动汽车工作原理图

二、增程式电动汽车的结构特点与工作模式

增程式电动汽车是一种配有地面充电和车载供电功能的纯电动汽车（也可将其归类于混合动力汽车）。装载的动力电池可满足日常行驶的动力需要，当动力需求超出了动力电池电力供应能力时，由其他的动力源为动力电池充电继续驱动车辆行驶。动力电池可由地面充电桩充电或由车载发动机充电。整车运行模式可根据需要工作于纯电动模式和增程模式。

增程式电动汽车的工作模式与插电式混合动力汽车非常类似，两者都可以工作在纯电动模式下，动力电池都具有外接充电方式和发动机充电方式。增程式电动汽车和插电式混合动力汽车的主要区别是：插电式混合动力汽车基本依靠发动机行驶，电力只是补充，无法单纯依靠电力行驶太远；而增程式电动汽车，动力来源都是电力，发动机只是为动力电池充电而达到足够的续驶里程。

增程式电动汽车的典型代表是雪佛兰 VOLT（见图 1-45）。虽然雪佛兰 VOLT 搭载了一款小型发动机，但其设计理念是以纯电动为主。在动力电池电量充足的情况下，驱动车辆的能量全部由动力电池提供，只有在动力电池电量不足的时候，才会起动发动机给动力电池充电。

图 1-45　雪佛兰 VOLT 电动汽车主要装置布置图

1—电机驱动单元；2—逆变器；3—交流电缆；4—发动机；5—直流电缆；6—电池；7—油箱；8—半轴

1. 雪佛兰 VOLT 动力系统布置

如图 1-46 所示，雪佛兰 VOLT 的动力系统（电机驱动单元）采用前置前驱方式，充电接口位于车辆侧前方，T 形锂离子电池组（动力电池）布置在中部。动力系统由两台电机和一台发动机组成，通过三组离合器和一个行星齿轮连接，可实现不同的工作模式，以适应行驶工况的需求。

2. 雪佛兰 VOLT 工作模式

雪佛兰 VOLT 驱动系统采用同轴连接方式，电机、行星齿轮、发动机呈直线排列，如图 1-47 所示。功率较大的主电机 MG1 与太阳轮机械连接，输出轴与行星架机械连

图 1-46 雪佛兰 VOLT 结构图

接，齿圈的连接则因为 3 个离合器的不同接合状态形成不同的工作模式：低速纯电动模式、低速制动能量回馈模式、低速增程模式、高速纯电动模式、高速制动能量回馈模式、高速增程模式和停车发电模式。

图 1-47 雪佛兰 VOLT 动力耦合系统结构图

（1）低速纯电动模式

如图 1-48 所示，在低速纯电动模式下，内齿圈被离合器 C1 锁止，而离合器 C2 与离合器 C3 均处于分离状态。辅助电机 MG2 和发动机与动力总成分开，都不工作。MG1 通过行星齿轮减速后将动力传递给输出轴驱动车轮。该模式下，车辆仅由 MG1 驱动，最高车速达 65 km/h。

图 1-48 低速纯电动模式

（2）低速制动能量回馈模式

如图 1-49 所示，在低速制动能量回馈模式下，踩下制动踏板，车辆进入制动能量回馈状

态，该模式下主电机 MG1 作为发电机，由车轮能量带动发电，将车辆的动能转换为电能储存到动力电池中。

图 1-49　低速制动能量回馈模式

（3）低速增程模式

如图 1-50 所示，在车速为 40～80 km/h，动力电池电量在 35% 以下时，发动机起动，进入低速增程模式。该模式下，离合器 C1 和离合器 C3 接合，发动机带动 MG2 进行发电。MG1 从电池和 MG2 获得电能驱动车辆。

图 1-50　低速增程模式

（4）高速纯电动模式

如图 1-51 所示，在高速纯电动模式下，离合器 C1 分离，离合器 C2 接合。MG2 与行星齿轮内齿圈连接，MG1 和 MG2 通过行星齿轮同时驱动车辆行驶。MG2 的加入降低了 MG1 的转速需求。

图 1-51　高速纯电动模式

（5）高速制动能量回馈模式

如图 1-52 所示，高速制动能量回馈模式与低速制动能量回馈模式相似，也是将车辆的动能转换为电能储存到动力电池中。此模式下，离合器 C2 接合，MG1 和 MG2 同时发电，供动力电池充电。

图 1-52　高速制动能量回馈模式

（6）高速增程模式

如图 1-53 所示，在电池电量过低且高速行驶的工况下，高速增程模式起动。该模式下，离合器 C2、C3 接合，C1 分离。发动机与 MG1 共同驱动车辆行驶，同时发动机带动 MG2 给动力电池充电。

汽车长时间处于高速行驶的工况下，仅用动力电池作为能量源输出无法满足车辆动力性能需求，所以，行星齿轮将发动机与 MG1 两者动力耦合并输出动力。因此，对于该种模式，更确切的说法应该是属于混合动力模式，这在雪佛兰 VOLT 的设计定位之初也颇具争议。

图 1-53　高速增程模式

（7）停车发电模式

如图 1-54 所示，在停车状态下动力电池电量不足时，停车发电模式起动。离合器 C1 接合，MG1 关闭，发动机带动 MG2 给动力电池充电。

图 1-54　停车发电模式

雪佛兰 VOLT 驱动系统工作模式见表 1-4。

表 1-4　　　　　　　　　　　雪佛兰 VOLT 驱动系统工作模式

车速	模式	能量源
低速	模式 1（低速纯电动）	动力电池
	模式 2（低速增程）	动力电池、发动机
高速	模式 3（高速纯电动）	动力电池
	模式 4（高速增程）	动力电池、发动机
停车	模式 5（停车发电）	发动机

任务实施

一、准备工作

在技能学习工位准备好纯电动汽车（包括增程式电动汽车，经高压终止并检验合格）及其相关技术资料。工具箱和防护用品柜内需有足够的专用维修工具和各类防护用品。

1. 劳动保护

① 穿好绝缘工作服。

② 穿好高压绝缘鞋。

③ 检查并佩戴绝缘手套。

2. 车辆防护

① 打开主驾驶车门，铺设脚垫、转向盘套、座椅套。

② 打开发动机罩，固定支架，铺设翼子板布和格栅布。

二、操作流程

1. 学生工作

① 在各自工位分组学习。

② 在充分学习本任务相关知识的基础上，通过查阅相关技术资料和观察纯电动汽车，完成相应的技能学习工作单（见本书配套教学资源）。

③ 5S 工作。

④ 自我评价。

2. 指导教师工作

学生在进行上述操作过程中，指导教师进行下列工作。

① 向学生讲解安全注意事项，并要求学生在技能学习工作单中做记录。

② 观察、指导学生进行相关操作，及时制止可能发生危险的操作。

③ 实操结束后审阅学生完成的工作单，并结合其操作情况给出评价。

学习任务2-1 纯电动汽车高压安全

任务引入

纯电动汽车存在高压电，尽管在汽车设计时采取了很多安全措施，但在使用中仍然存在很多安全隐患。电动汽车维修人员必须熟知这些安全隐患，以便有效防止各类安全事故发生，同时要熟悉电动汽车各类特殊情况的应急处理方法及触电事故中的人员急救方法。

学习目标

1. 能够正确描述国家标准对高压与低压的规定。
2. 能够正确描述电击事故的类型。
3. 能够正确描述电动汽车可能存在的安全隐患及在设计方面采用的安全措施。
4. 能够正确描述电动汽车专用车间安全管理的内容。
5. 能够正确描述电动汽车维修规范。
6. 能够正确描述高电压禁用操作程序。
7. 能够正确描述对维修的电动汽车的相关规定。
8. 能够正确描述电动汽车的高电压存在形式及各存在形式下涉及的系统或装置。
9. 能够正确描述高压终止与检验的基本步骤。
10. 能够正确描述不同触电症状下应该采用的急救方法。
11. 能够正确描述救援、火灾、泄漏、牵引车辆和跨接起动的应急处理方法。
12. 能够正确进行电动汽车高压终止与检验操作。
13. 能够正确进行人工呼吸。
14. 能够正确使用干粉灭火器。
15. 能够注意培养劳动保护、安全与环保意识和团队协作意识。

相关知识学习

一、高压与其对人体的伤害

1. 高压与低压

高压与低压指的是电压的高低。在电力工业或电气工程中，由于低压电器被定义为用于交流电压 1200 V 以下或直流电压 1500 V 以下的电器，因此通常交流 1200 V 以下或直流 1500 V 以下都称为低压，交流 1200 V 以上或直流 1500 V 以上则称为高压。

在电动汽车安全用电方面，高压和低压的概念与电力工业或电气工程中的概念有一定的区别，通常将低于对人体没有伤害的最高安全电压的电压称为低压，而将高于最高安全电压的电压称为高压。

2．安全电压

依据国家标准《电动汽车 安全要求 第 3 部分：人员触电防护》（GB/T 18384.3—2015）中的人员触电防护要求，考虑到空气的湿度和人体在不同工作环境下的电阻，并根据不同电压等级可能对人体产生的伤害和危险程度不同，基于安全考虑，在电动汽车中，将电压分为 A 和 B 两个级别，见表 2-1。

表 2-1　　　　　　　　　　　　　　电压的级别及范围

电压级别	工作电压/V	
	DC（直流）	50～150Hz AC（交流）
A	$0<U\leq60$	$0<U\leq30$
B	$60<U\leq1500$	$30<U\leq1000$

A 级被认为是较为安全的电压等级，为小于等于 60 V 的直流电和在规定的 50～150 Hz 频率下小于等于 30 V 的交流电。在 A 级电压下的维护人员不需要采取特殊的防电保护。

B 级电压对人体会产生伤害，被认为是高压，为大于 60 V 而小于等于 1500 V 的直流电和在规定的 50～150 Hz 频率下，大于 30 V 而小于等于 1000 V 的交流电。在该电压下必须使用必要的防护设备对维护人员进行保护。

3．高压的特点

电动汽车的高压具有如下特点。

① 高压的电压一般都设计在 200 V 以上。大多数的电动汽车或混合动力汽车的动力电池电压都在 280 V 以上，如特斯拉 Model S 动力电池总电压为 400 V。

② 高压存在的形式既有直流，也有交流。这包括动力电池的直流，也包括充电时的 220 V（或 380 V）电网交流电，以及电机工作时的三相交流电。

③ 高压对绝缘的要求更高。大多数燃油发动机汽车上设计的绝缘材料，当电压超过 200 V 时可能就变成了导体，因此电动汽车上的绝缘材料需要具有更高的绝缘性能。

④ 高压要求正、负极距离大。在 12 V 电压情况下，正、负极之间的距离需要很近时才会有击穿空气的可能；但是当电压高到 200 V 以上时，正、负极之间在还有一个很大的距离时就会击穿空气而导电，如在 300 V 电压下，两根导线距离 10 cm 时就会发生击穿导电。

4．高压电对人体伤害的本质

通常，当人体接触到 30 V 以上的交流电或 60 V 以上的直流电时，就有可能发生触电事故。人体的触电并不是指人体接触到了很高的电压，而是因为过高的电压通过人体这个电阻后，会在人体中形成电流，从而导致对人体的伤害，因此高压电伤害人体的本质是电流。

一般，人们认为 36 V 是人体的安全电压。但实际上，在高压的电动汽车中，这个电压值并不是绝对安全的，主要原因有两个方面：一方面，人体的电阻会存在个体的差异性，例如胖的和瘦的，男性和女性，其电阻值都会不一样；另一方面，人体所处的工作环境不同也会导致人体的电阻值发生变化，例如在潮湿的夏天和干燥的冬天，人体表现的电阻就不一样，环境越潮湿，人体的电阻就会越小。此外，每个人对电流流过身体的反应也不一样，有一部分人可能能够承受较大的电流。因此，目前国际上对安全电压通常的认识是直流 60 V 以下，交流 30 V 以下。

当电压高到一定值以后，会有相应的电流流过人体。如图 2-1 所示，当有大约 5mA 的电流流过人体时，就可视作是"电气事故"，会使人体产生麻木感。当人体内通过的电流达到

10 mA 时，到达导出电流的极限，人体开始疼痛，无法再导走电流，电流的滞留时间也相应增加。30～70 mA 交流电的长时间滞留会导致呼吸停止，75～100mA 交流电会导致心室纤维性颤动。经过人体的电流到达大约 80 mA 时，就可能致命。

图 2-1　人体对电流的反应示意图

此外，需要注意的是，人体之所以能导电，其主要原因是血液含有电解液成分，电解液成分导致了人体具有导电性。而且人体的皮肤、肌肉也具有一定的导电能力。对于大多数人来说，整个身体的总电阻值是很低的，特别是有主动脉的地方（胸腔部位和躯干），而最大的危险发生在电流通过人体心脏时刺激心脏产生的异常颤动。

5．高电压对人体的伤害形式

能够最终对人体产生伤害的是电流，电流对人体的伤害有 3 种形式：电击、电伤和电磁场伤害。

① 电击是指电流通过人体，破坏人的心脏、肺及神经系统的正常功能。

② 电伤是指电流的热效应、化学效应和机械效应对人体的伤害，主要指电弧烧伤、熔化金属溅出烫伤等。

③ 电磁场伤害是指在高频磁场的作用下，人会出现头晕、乏力、记忆力减退、失眠、多梦等神经系统的症状。

一般认为，电流通过人体的心脏、肺部和中枢神经系统时危险性较大，特别是电流通过心脏时，危险性最大。所以从手到脚的电流路径最为危险。因为沿该条路径有较多的电流通过心脏、肺部等重要器官。其次是从一只手到另一只手的电流路径。

此外，触电还容易使人因剧烈疼挛而摔倒，并造成摔伤、坠落等二次事故。

通常，产生最多的伤害是电击事故，主要有以下类型。

① 电击效应。电流低于导通限值时，会有相应的电击反应，从而容易因肢体不受控制和失去平衡而导致受伤。

② 热效应。电流导入导出点处会发生烧伤和焦化，也会发生内部烧伤。这会导致肾脏负荷过大，甚至造成致命的伤害。

③ 化学效应。电流经过人体时，血液和细胞液成为电解液并被电解，导致人体严重中毒，

而且中毒情况在几天后才能被发现，因此伤害极大。

④ 肌肉刺激效应。所有的身体功能和人体肌肉运动都是由大脑通过神经系统的电刺激来控制的。如果通过人体的电流过高，肌肉开始抽搐，大脑再也无法控制肌肉组织，可能会引发呼吸停止、心脏的跳动节奏中断等。

⑤ 发生静态短路的热效应。工具急剧发热，会导致材料熔化，从而可能造成烧伤事故。

⑥ 由于短路引起火花。金属很快熔化，产生飞溅的火花，飞溅出来的金属颗粒温度超过5000 ℃，可能会导致烧伤以及严重的眼睛伤害。

⑦ 带电高压线路接通和断开时所产生的弧光。光辐射可能造成电光性眼炎。

直流与交流电压都会对人体产生伤害，但是交流电压对人体伤害的阈值却只有直流的50%。交流电压在人体内产生交流电，会触发肌肉组织和心脏颤动。交流电压的频率越低，危险性越高。交流电会触发心室纤维性颤动，如果不进行急救，触电者很快就会死亡。

二、纯电动汽车安全隐患与防护措施

1. 电动汽车的安全隐患

电动汽车安全隐患包括高压触电、动力电池安全隐患，以及车辆危险运行工况下可能存在的其他风险等。

（1）高压触电

电动汽车的电压和电流等级都比较高。动力电池的电压一般在 280 V 以上，正常工作时，电流可达几百安培。

人体能承受的安全电压的高低取决于人体允许通过的电流和人体的电阻。人体电阻主要是由体内电阻、体表电阻和体表电容组成的。人体电阻随着条件的不同在很大范围内变化。但是人体电阻一般不低于 1 kΩ。我国民用电网中的安全电压多采用 36 V，大体相当于人体通过的电流为 30 mA（以人体电阻为 1200 Ω）的情况，这就要求人体可接触的电动汽车任意两个带电部位的电压要小于 36 V。

在电动汽车中，人体常见的高压触电形式如图 2-2 所示。

图 2-2　高压触电主要形式

对于系统中的高电压元件，如果由于内部破损或者潮湿，有可能会传递给外壳一个电势。如果形成两个这样外壳具有不同电势的部件，在两个外壳之间会形成具有危险性的电压，此时，如果用手触及这两个部件，人体会有触电的危险。

人体没有任何感觉的阈值是 2 mA。这就要求如果人或其他物体构成动力电池系统（或

"高电压"电路）与地之间的外部电路，最坏的情况下泄漏电流不能超过 2 mA，即人直接接触电气系统任一点的时候，流过人体的电流应当小于 2 mA 才认为车辆绝缘合格。

（2）动力电池安全隐患

以目前电动汽车广泛应用的锂离子电池为例。锂离子电池在正常使用过程中不会出现安全问题，但电池的不正确使用会导致电池的热效应加剧，这是锂离子电池出现安全问题的导火索，最终表现为电池的"热失控"，从而引起安全事故，导致热失控有以下几种情况。

① 过充电与过放电。在进行车辆充电时，特别是在电池充电末期，电池内部离子的浓度增加，扩散性能下降，浓差极化增加，电池接受能力下降，电池再充电就会出现过充电。过充电时如果电池的散热较好，或者过充电电流很小，此时电池的温度较低，过充电后只发生电解液的分解，电池仍然安全；如果此时电池的散热较差，或者由于高倍率充电导致电池温度很高而引发化学反应，往往会存在安全隐患。

在电池放电末期提供大电流的能力下降，当电池剩余电量不足而又需要大电流放电时，就会使电池过放电。在发生过放电时，由于电池负极的锂离子减少，脱出能力下降，极化电压增加，此时很容易导致电池负极的活性物质脱落，造成电池内部短路。电池内部短路的直接表现就是迅速产生热量而引发着火。

② 过电流。锂电池过电流主要有以下几种情况。

a. 低温环境下充放电。在低温环境下，由于电池的导电性和扩散性下降，特别是电池负极的锂离子活动能力下降，电池可接受电流的能力下降，容易导致电池出现过电流。

b. 电池老化、电池的性能下降（包括容量降低、内阻增加、倍率特性下降等）后，仍按照原来电流充电容易导致产生的相对电流过大。

c. 电池并联成组。在并联充电过程中，由于电池一致性的差异，单体电池的内阻各不相同，分配到各单体电池的充电电流也不同，可能会导致分配到某些单体电池电流远大于充电电流。

d. 电池的内外部短路。电池短路会在瞬间产生很大电流，电池内部温度急剧升高，而使电池发生泄漏、起火等安全事故。

③ 电池过温（温度过高）。除上述提到的过充电、过放电、过电流会导致电池过温外，以下几种情况也会引起电池过温。

a. 电池的热管理系统失效。主要为动力电池组总成内电池温度传感器损坏，或者是检测控制电路失效或散热风扇损坏。

b. 电池温度采样点有限。车辆上电池数量众多，很难对每个单体电池都实现温度检测。

c. 温度采样位置受限制。由于电池本身结构的原因，电动汽车的电池管理模块对电池的温度采样点一般都在电池正负极接线柱上，或者通过贴片采集电池外壳的温度，不能反映实际的电池内部温度。

d. 工作环境温度高。如果电池靠近驱动电机或空气压缩机等发热部件，会导致电池过温。

电池温度升高会引发的隐患包括电池本身性能的逐步下降，进一步加剧了电池内部的短路。此外由于电池本身温度过高，会导致电池产生热变形，从而产生泄漏等事故的发生。

（3）危险运行工况下的安全隐患

电动汽车由于存在高电压，因此在行驶中发生事故时，如果没有很好的安全设计，很容易造成安全隐患，这些安全隐患主要体现在以下几个方面。

① 高压系统短路。当动力系统的高压线短路时，将会导致动力电池瞬间大电流放电，此时，动力电池和高压线束的温度迅速升高，将会导致动力电池和高压线束的燃烧，严重时还

可能会引起电池爆炸。

若动力电池的高压母线与车身短路，乘员可能会触碰到动力电池的高压电，从而产生触电伤害。

② 发生碰撞或翻车。当电动汽车发生碰撞或翻车时，可能导致动力系统高压短路，此时，动力系统瞬间产生大量热量，存在发生燃烧甚至爆炸的风险；此外还可能造成高压零部件脱落，对乘员造成触电伤害。如果动力电池受到碰撞或因为燃烧导致温度过高，有可能造成电池电解液的泄漏，对乘员造成伤害，发生碰撞或翻车还会对乘员造成机械伤害。

③ 涉水或遭遇暴雨。当电动汽车遇到涉水、暴雨等工况时，由于水汽侵蚀，高压的正极与负极之间可能出现绝缘电阻变小甚至短路的情况，可能引起电池的燃烧、漏液甚至爆炸；若电流流经车身，还可能使乘员面临触电风险。

④ 充电时车辆的无意识移动。当车辆在充电时，如果车辆发生移动，可能会造成充电电缆断裂，使乘员以及车辆周围人员面临触电风险；若充电电缆断裂前正在进行大电流充电，还可能造成电池的高压接触器粘连，从而进一步增加人员的触电风险。

2．电动汽车高压安全防护措施

电动汽车的高压安全防护措施主要体现在维修安全、碰撞安全、电气安全和功能安全 4 个方面。

（1）维修安全

维修安全主要包含两方面，即类似燃油发动机汽车的维修安全和针对电动汽车的特殊维修安全。电动汽车的维修安全主要是防止高压触电。因此，维修人员在对高电压类型汽车进行操作之前应当保证不会有触电风险。为此大多数汽车在系统上设计有维修开关，图 2-3 所示为比亚迪 e6 纯电动轿车的维修开关位置，当断开维修开关时，动力电池的动力输出立即中断，但仍需等待 5 min 以上才能接触高压部件（此期间用于系统电容放电）。

（2）碰撞安全

当车辆发生碰撞时，车辆的安全系统必须满足碰撞过程中以及碰撞后都要保证相关人员的人身安全。为此有些车辆设计有图 2-4 所示的电路，将惯性开关串联到高压接触器的供电回路中，当发生碰撞时惯性开关断开，从而切断高压接触器的供电电源，此时动力电池的高压输出便会被断开，保证了乘员、行人、维护和救援人员的高压安全。

图 2-3　比亚迪 e6 纯电动轿车的维修开关

图 2-4　惯性开关在电路中的位置

（3）电气安全

在电气系统上主要采用以下安全措施。

① 高压线颜色统一为橙色。用带有不同颜色的线代表不同电压，所以一定要高度重视高压部件上的橙色高压线路。图 2-5 所示为比亚迪 e6 纯电动轿车控制器上的高压线。

② 高压部件上面设置警示标识。每辆电动汽车的高压部件壳体上都带有一个高压警示标识，售后服务人员或车主均可通过标识直观看出该部件为高压部件。所用警示标识为国际标准规定的图案，如图 2-6 所示。

图 2-5　比亚迪 e6 纯电动轿车控制器上的高压线　　　图 2-6　比亚迪 e6 纯电动轿车电机控制器上的高压警示标识

③ 带高压电零件的防接触保护。采用多层（3 层）绝缘防止意外直接或间接接触带电零件。

④ 电隔离。高压电采用正负极与车辆接地绝缘。发生简单故障时，这种保护可以防止电击。

⑤ 高压零部件的接插件采用安全设计，如图 2-7 所示，既可防止人员直接接触到高压，还可防水、防尘，降低高压系统绝缘出现问题的风险。

图 2-7　高压插头的安全设计方式

⑥ 高压接触器和短路保护器。如图 2-8 所示，动力电池与外部高压回路之间设计有高压接触器，以保证在驾驶人无行驶意图或充电意图时，车辆除电池内部之外的高压系统是不带高压电的。只有当驾驶人将车辆钥匙打到"Start"挡或对动力电池进行充电时，高压接触器才可能会闭合。

当高压系统出现短路等危险情况时，为保护乘员和关键零部件，需设计短路保护器。当流过短路保护器的电流大于某个值时，该保护器便会熔断。

⑦ 预充电回路。如图 2-9 所示，在动力电池输出高压电之前，先通过预充电回路对电池外部的高压系统进行预充电。预充电回路主要由预充电电阻构成。由于高压零部件的高压正、

负极之间设计有补偿电容，如果没有预充电电阻，那么在高压回路导通瞬间，补偿电容将会由于瞬间电流过大而烧毁。

图 2-8　高压接触器和短路保护器设计方式

图 2-9　高压预充电电阻设计方式

⑧ 绝缘电阻监测。绝缘电阻监测系统可检测整个高压系统有无绝缘故障，并在仪表中用声音或光表现故障。若绝缘电阻值过小，整车控制器发出接触器断开指令。

电动汽车的绝缘状况以直流正负母线对地的绝缘电阻来衡量。电动汽车的国际标准规定：绝缘电阻值除以电动汽车直流系统标称电压 U，结果应大于 100 Ω/V，才符合安全要求。标准中推荐的牵引蓄电池绝缘电阻测量方法适用于静态测试，而不满足实时监测的要求。

⑨ 高压互锁。在车辆高压系统设置一个导通环（闭环线路），如图 2-10 所示，如果导通

环传送的信号中断，切断电压并对高压系统的电容进行放电。

图 2-10　高压互锁原理

高压互锁具有结构互锁、功能互锁和开盖检测的功能。

结构互锁是指在主要高压电器接插线插头和电器盒盖上带有互锁回路，当某一电器被带电断开，VCU 会检测到电路，立即报警并会断开母线高压回路，同时激活主动泄放电路电量。

功能互锁是指当车辆在进行充电或插上充电枪时，会限制整车不能通过自身驱动系统驱动，以防止可能发生的充电线束拖拽或安全事故。

车辆高压部件具有开盖检测功能，当在整车高压回路连通的情况下打开盒盖，系统会立即报警。高压互锁装置会自动断开主继电器，从而断开整车高压系统，并快速释放电机控制器内的大电容电量。

⑩ 服务断开/高压接通锁。工作人员使用诊断辅助系统断开电压后，不仅要确保关闭整个高压系统（高压互锁打开），还要防止高压系统通过"点火开关开启"重新接通。借助高压接通锁的插入（连接），对高压系统又加了一道防止接通的保险。图 2-11 所示为奔驰电动汽车高压接通锁外形图和安装位置。

⑪ 电源极性反接保护。意外接错电源正、负极，系统将自动切断高电压。

⑫ 主动泄放与被动泄放。通过主动与被动监测是否存在对车身短路，自动快速地将电池组电能泄放掉，避免电池发热燃烧。

此外，电动汽车高压系统的每一个高压回路均有熔断丝作为过电流保护。动力电池总成内部增加了一定数量的熔断丝盒和接触器进行保护，动力电池的每根采样线也有单独的熔断丝保护。即使发生短路，也可保证电池组等高压器件及线束不会短路损坏或起火。

（4）功能安全

① 转矩安全管理。为防止车辆出现不期望的运动，需要在整车控制器中加入转矩安全控

制策略，具体转矩安全策略如下。

高压接通锁

高压接通锁

（a）外形　　　　　　　　　　　　（b）安装位置

图 2-11　奔驰电动汽车高压接通锁

a．整车控制器负责计算整车的转矩需求，计算的转矩需求的差值大于某个标定值，则认为转矩输出存在安全风险，此时整车控制器会将车速限制在安全范围内。

b．若整车控制器计算的需求转矩与电机的实际转矩的差值大于某个标定值，则认为电机的转矩控制存在风险，此时整车控制器将会限制电机的转矩输出，若两者差值一直过大，则切断动力电池的动力输出。

② 充电安全措施。在充电时需要防止车辆移动以及避免快充、慢充、行驶模式之间的冲突，为此采取如下措施。

a．只有挡位放在 P 挡时才能充电。

b．在充电过程中，转矩需求及实际转矩输出都为 0。

c．当充电枪插上时，不能闭合控制高压电输出的接触器。

d．当充电回路绝缘电阻小于标准要求的阻值时，停止充电并断开高压接触器。

③ 电池组安全管理。

a．电池可用容量修正。电池管理系统（BMS）根据单体电池在环境温度下的放电容量，以及慢充过程中因为电芯一致性变差导致电池系统充电并未真正充满等因素，确定可用容量上报给整车控制器（VCU），VCU 根据该值计算续驶里程。

b．荷电状态（SOC）估算及修正。根据车载充电模式和行车模式下单体电池最高电压进行 SOC 修正。

c．放电过程电流控制。行车放电过程中，放电电流不能超过 BMS 给 VCU 上报的最大允许放电电流值。放电过程中电流控制策略是 BMS 根据动力电池当前的 SOC 及最高温度实时调整最大允许放电电流数值。

④ 能量回馈过程控制。BMS 通过上报最大允许充电电流给整车控制器来表现动力电池当前状态可以接受最大回馈电流的能力。

⑤ 车载充电电流控制。车载充电时，BMS 根据当前最小温度请求允许最大充电电流。当单体最高电压充电到 3.6 V（针对锂电池，下同）时，BMS 请求充电电流降到 5 A。单体最高电压达到 3.7 V，停止充电，并把 SOC 修正为 100%。

⑥ 地面充电控制。快充时，动力电池系统与地面充电桩之间的交互信息及工作流程严格按照《电动汽车非车载传导式充电机与电池管理系统之间的通信协议》（GB/T 27930—2015）

执行。受限于动力电池的充电能力，为了更好地实现快充功能，在快充过程中设计有加热功能。

⑦ 保温过程控制。车载充电完成之后，根据电池的温度判断是否需要保温，如果需要保温，进入保温过程。

⑧ 动力电池故障处理。动力电池系统在行车模式/车载充电模式/地面充电模式下诊断和上报处理的故障及处理措施和恢复条件。

3．电动汽车高压部件

（1）高压部件特点

① 高压部件主要集中在车身的外部。除了少数的混合动力汽车的动力电池安装在车辆后部位置外，大多数车辆动力电池、逆变器等都布置在乘客舱外部，而且高压导线也是沿着底盘外布置的。

② 高压部件都具有明显的橙色标识，或者部件的醒目位置粘贴有高压标识。

（2）高压部件位置

电动汽车的高压部件主要集中在驱动系统（高压控制盒、电机控制器、功率模块、电机等）、空调与加热系统（空调、加热器）、充电系统（慢速充电插头、车载充电机、快速充电插头）、电源系统（动力电池）等，如图 2-12 所示。

图 2-12　电动汽车高压部件的位置

① 驱动系统，包括动力电池和三相电机，以及电机驱动控制器和逆变器。

② 空调与加热系统，包括高压电驱动的压缩机和高压的 PTC 加热器。

③ 充电系统，包括车载充电器和充电接口。

④ 电源系统，主要是动力电池及 DC/DC 转换器。

⑤ 用于连接高压部件之间的导线也属于高压部件。

4．电动汽车高电压存在形式

根据高电压存在的时间进行分类，电动汽车高电压系统的高电压主要有 3 种存在形式，即持续存在、运行期间存在和充电期间存在，如图 2-13 所示。

图 2-13　高电压系统存在形式

（1）持续存在

电动汽车的动力电池持续存在高电压，即使当车辆停止运行期间，由于动力电池始终存储有电能，因此当满足动力电池的放电条件后，该部件将继续对外放电。

（2）运行期间存在

运行期间存在高电压的部件，是指当点火开关（电门）处于 ON、RUN、OK 或其他运行状态下，部件存在高电压。

运行期间存在高电压的系统或部件有以下两种类型。

① 只要点火开关（电门）处于 ON 或 RUN 等运行状态下就会存在高电压，这类部件包括逆变器、DC/DC 转换器和连接的高压导线。

② 虽然点火开关（电门）处于 ON 等运行状态，但是由于该系统所执行的功能没有被接通，因此此时相关的部件仍然不会接通有高电压。如纯电动汽车中的高压压缩机和 PTC 加热器，在驾驶人没有运行车辆的空调或暖风功能时，这些部件上是不会存在高电压的。

（3）充电期间存在

充电期间存在高电压主要指的是插电式混合动力和纯电动汽车，此类车辆的车载充电器以及连接的导线只有在车辆连接有外部 220 V（或 380 V）电网充电期间才会具有高电压。

需要注意的是，有些车辆的车载充电器和动力电池设计有独立的空调式冷却系统。在车辆充电期间，由于动力电池可能产生很高的热量，因此车载空调会运行以降低动力电池的温度，此时车辆的高压压缩机也会在充电期间运行，也存在高电压。

5．高电压的接通与关闭

在电动汽车中，除动力电池外，其他部件都是由整车控制器或混合动力控制单元通过接触器控制高电压的接通与关闭的。

接触器即为一个大功率的继电器，它用于控制高压正、负极导线之间的接通与断开。接触器通常被布置在动力电池组总成内部或者是独立在一个 BDU（配电箱）中，其内部电路如图 2-14 所示，接触器如果断开，整车仅动力电池上会存在高电压，位于接触器下游的高压系统部件将没有高电压。

（1）接触器接通条件

① 点火开关（电门）处于 ON 等运行状态。

② 高压系统自检没有漏电等故障。

（2）接触器断开条件

① 点火开关（电门）为 OFF。

② 高压系统检测到存在安全事件的发生。

系统自检到存在安全事件，主要是系统根据自身设定的检验程序，在以下情况下，会因异常情况自动切断高压，避免人员触电。

图 2-14　电动汽车的接触器电路

① 高压系统自检到部件的互锁开关断开。

② 高压系统自检到部件或高压电缆对车辆绝缘电阻过低。

③ 车辆发生碰撞，且安全气囊已弹出。

6. 电动汽车高压操作规定

① 如果员工没有接受过高压意识培训，不允许其在电动汽车上执行操作。

② 如果员工在车辆上的工作仅限于操作或客户咨询，如启用冬季轮胎的限速或阐述驾驶室管理及数据系统（COMAND），则不必进行高压意识培训。此外，只是简单驾驶车辆时也没有必要进行高压意识培训。

③ 如果员工在车辆上执行操作、阐述或简单驾驶车辆之外的工作，一定要进行高压意识培训。甚至开启发动机罩，如清洗发动机或添加风窗玻璃清洗液，也要求进行高压意识培训。

④ 如果不具备高压电工作业操作资格和高压产品资格，员工不得在高压网络上作业。不遵守相关注意事项会导致严重后果。

⑤ 接受过高压意识培训的非电工技术专业人员可以在高压系统外执行作业。

⑥ 接受过附加资格认证（高压电工作业操作资格和高压产品培训）的汽车技师、电气技师、机械电子工程师可以在高压系统上执行作业。

【任务实施】

在技能学习工位准备好纯电动汽车及其相关技术资料。工具箱和防护用品柜内需有足够的专用维修工具和各类防护用品。

一、安全防护

1. 劳动保护

① 穿好绝缘工作服。

② 穿好高压绝缘鞋。

③ 检查并佩戴绝缘手套。

2．车辆防护

① 打开主驾驶车门，铺设脚垫、转向盘套、座椅套。

② 打开发动机罩，固定支架，铺设翼子板布和格栅布。

二、高压系统的终止与检验

由于电动汽车具有高电压，因此在维修电动汽车前，必须首先按照高电压操作章程执行系统电压的终止操作。终止系统高电压以后，可以在一定程度上确保汽车高压系统各部分之间不再具有高电压，从而保证了维护人员的安全。

维修车辆时，需要根据高压电存在的形式来区别对待。例如，在纯电动汽车的动力电池中会一直存在高压，因此无论什么时候进行对动力电池的维修，都需要佩戴个人安全防护用品。但是，当执行了正确的高压终止程序以后，例如逆变器、高压压缩机等系统不再具有高压电了，此时对这些部件的维修可以不用再预防被高压击伤的危险。

1．手动切断动力电池高压

在动力电池上，按照国家新能源汽车安全标准都会设计有一个串联的手动维修开关，用于人工切断整个动力电池的回路。

当该开关被断开后，整车的高压部件将不再具有高压，同时动力电池的总输出正、负极端口也不再有高压。

需要注意的是，即使手动开关被断开，动力电池内的电路及其连接电路在串联的位置仍然具有高压。

此外，手动维修开关由于能够在物理上直接切断动力电池的高电压回路，因此汽车制造厂商都会将该开关设计有特殊的锁止结构，避免人为意外触发或者行驶中因为振动等因素断开。手动维修开关的断开方法一般会标示在开关上面，或者在车主的用户手册中，图2-15所示为典型纯电动汽车上的手动维修开关的断开方法。

图 2-15　典型纯电动汽车手动维修开关的断开方法

2．高压系统的终止与检验操作步骤

在维修带有高电压的电动汽车前，务必执行高电压的终止和检验操作，避免因意外高压触电。高压系统的终止与检验操作步骤主要分为高压终止和高压检验两个部分，如图2-16所示。

（1）高压终止

高压终止主要是通过正确的操作步骤来关闭车辆高压系统。正常情况下，执行高压终止后，车辆除了动力电池外，其他部件应该都不具有高电压。

图 2-16 高压的终止与检验

高压终止的基本步骤如下。

① 关闭点火开关。关闭点火开关后，将钥匙放到一个安全的区域，通常应该远离被维修的汽车。

> **注意**
>
> 如果使用按钮起动，把钥匙拿到离车至少 5m 远的地方，防止汽车意外被起动。

② 断开辅助电池负极端子。找到 12 V 辅助电池，断开电池的负极，并固定搭铁线，以防止移动蓄电池负极端子。

③ 拆除手动维修开关。找到维修开关并断开。

当处理橙色高压组件和线路时，确保戴着绝缘橡胶手套。将拆下的维修开关放在口袋中以防止其他人将它安装回车上去，并将裸露的维修开关槽使用绝缘胶布封住。

④等待 5 min。拆下维修开关后，须等待 5 min，使得高压部件中的电容器进行放电，才可以继续对车辆进行高压检验操作。

（2）高压检验

高压检验是利用数字万用表再次确认高压终止以后，对具体维修的部件上确定已不再有高压，该步骤符合高压的检验操作标准。

使用万用表测量高压部件的连接器各个高压端子，在执行高压终止以后，每个端子对车身的电压应该小于 3 V，且端子正、负极之间的电压也应该小于 3 V。

如果任一被测量的电压超过 3 V，说明系统内部存在高压黏结情况，需要有经过特殊培训的工程师来进行处理。

> **注意**
>
> 在检验高电压端子期间，必须佩戴好个人安全防护用品。

这里以北汽 EV 系列纯电动汽车拆卸 DC/DC 转换器为例,详细说明高压终止与检验的操作方法。

（1）注意事项

① 对车辆进行维修时,非相关人员不允许随意接触车辆。

② 对贴有高压警示标识的部件都不可随意触摸。

③ 如果需要拆解相关高压部件,拆卸人员必须参加高压电安全培训,熟悉高压电系统。

④ 操作人员还需参加高压电事故急救培训（如由红十字会组织的相关急救培训）。

⑤ 对高压部件进行操作时,操作人员需要穿戴好劳保用品,同时还必须使用绝缘手套。

⑥ 对外露高压系统部件进行操作时,必须使用万用表进行测量是否存在高压电,确保在没有高压电的情况下再进行操作。万用表需要定期标定,内阻不低于 10 MΩ。

⑦ 驾驶结束后关闭车辆,如果需要对高压系统进行拆卸,则需要等待 5 min 后再进行。

⑧ 当拆卸或装配电器部件时,必须断开 12 V 电源和高压蓄电池上的手动维修开关。

⑨ 在高压部件拆装后,重新接通高压电之前,需要检查所有高压部件的装配和连接,确保其可靠性。

（2）准备工作

① 操作人员穿戴好劳动防护用品,包括防高压手套、护目镜、高压绝缘鞋和非化纤工作服。

② 准备好灭火器、吸水毛巾布、绝缘胶布和维修工作台。

（3）操作流程

① 将车钥匙置于 OFF 挡,等待高压电容放电 5 min。

② 拔下钥匙,打开发动机罩并支起,铺好翼子板布。

③ 断开低压蓄电池负极电缆。

④ 如果针对采用电源分配单元（PDU）的车型,如 2016 款北汽新能源 EV160、EV200 等车型,应断开 PDU 左后方的低压插接件,如图 2-17 所示。

图 2-17　PDU 后方的低压插接件

⑤ 检查绝缘手套,如图 2-18 所示。

a. 确认无裂纹、磨损以及其他损伤。

b. 卷起手套边缘。

c. 折叠开口,并封住手套开口。

d. 向手套内吹气,检查有无空气泄漏。

e. 用同样的方法检查第二只手套。

f. 确认密封良好后戴好。

图 2-18　检查绝缘手套

⑥ 断开动力电池高压线束插口,进行高压断电。

北汽新能源车型通常没有配备专用的维修开关。

高压断电必须由电气资质人员操作并放置高压安全警示牌。

⑦ 使用专用万用表对 DC/DC 部件进行电压测量,如果所测量值大于 0 V 时应使用专用放电棒对该部位进行放电。直到用万用表测量电压确认电压完全消失后方可进行下一步。

注意事项如下。

a. 一定要确认处于无电状态,可通过测量 12V 蓄电池电压的方式核实数字万用表是否正常。

b. 测试高压控制盒或 PDU 动力电池端(采用 PDU 的车型)的端子电压、端子的搭铁电压时,每个高压电池插口正、负极电压以及正、负极搭铁电压,数值不应大于 3V。若测试结果大于 3V,则电池组总成内部可能出现接触器卡滞或高压系统绝缘失效。

三、急救

援救触电事故中的受伤人员时,自身的安全是第一位的,绝对不要去触碰仍然与电压有接触的人员。如果可能,马上将电气系统断电,或用不导电的物体(木板、扫帚把等)把事故受害者或者导电体与电压分离。基本的高压触电急救流程如图 2-19 所示。

1. 迅速脱离电源

人体触电以后,可能由于痉挛或失去知觉等原因而紧抓带电体,不能自己摆脱电源。抢救触电者的首要步骤就是使触电者尽快脱离电源。在电动汽车中脱离电源的方法是戴上绝缘手套将触电人员脱开或者切断高压电源。总之,要因地制宜,灵活运用各种方法,快速切断电源,防止事故扩大。

2. 现场急救

当触电者脱离电源后,应根据触电者的具体情况迅速对症救护,力争在触电后 1min 内进行救治。国内外一些资料表明,触电后在 1min 内进行救治的,90%以上有良好的效果,而超过 12min 再开始救治的,基本无救活的可能。现场应用的主要方法是口对口人工呼吸和胸外心脏按压法,严禁打强心针。

口对口人工呼吸法是用人工的方法来代替肺的呼吸活动,使空气有节律地进入和排出肺脏，供给体内足够的氧气，并排出二氧化碳，以维持正常的通气功能。

图 2-19　高压触电急救流程

胸外心脏按压法是指在胸壁外有节律地对心脏进行间接按压，用人工的方法代替心脏的自然收缩，使心脏恢复搏动功能，维持血液循环。

3．急救方法

（1）触电事故

触电者一般有以下 4 种症状，可分别给予正确的对症救治。

① 神志尚清醒，但心慌力乏，四肢麻木。对该类人员一般只需将其扶到清凉通风之处休息，让其自然地慢慢恢复。但要派专人照料护理，因为有的病人在几小时后可能会发生病变。

② 有心跳，但呼吸停止或极微弱。对该类人员应该采用口对口人工呼吸法进行急救。

③ 有呼吸，但心跳停止或极微弱。对该类人员应该采用胸外心脏按压法来恢复病人的心跳。

④ 心跳、呼吸均已停止者。该类人员的危险性最大，抢救的难度也最大。应该同时采用人工呼吸和胸外心脏按压法进行急救。最好是两人一起抢救，如果仅有一人抢救，应先吹气 2～3 次，再按压心脏 15 次，如此反复交替进行。

（2）电池事故

如果发生电池事故时，应按以下要求进行处理。

① 如果发生了皮肤接触，应用大量的清水进行冲洗。

② 如果吸入了电池释放的有害气体，必须马上呼吸大量新鲜空气。

③ 如果眼睛接触到了电池泄漏物，应用大量的清水进行冲洗（至少 10 min）。

④ 如果吞咽了蓄电池内溶物，应喝大量清水，并且避免呕吐。

学习任务2-2　纯电动汽车维修工具/检测仪器的使用

任务引入

除了传统的维修工具和检测仪器外，电动汽车因为存在高压电路，所以还配有专用的维修工具及检测仪器，如绝缘工具、高压绝缘测试仪等。电动汽车维修技师必须熟练识别和使用各类型电动汽车维修工具和仪器，才能正确维修电动汽车，保证人身安全。

学习目标

1. 能够正确描述电动汽车维修工具和检测仪器的类型和功能。
2. 能够识别电动汽车维修工具和检测仪器。
3. 能够正确描述绝缘拆装工具的使用条件与注意事项。
4. 能够正确使用钳形电流表测量直流、交流电流。
5. 能够正确使用绝缘测试仪测量绝缘电阻。
6. 熟悉某一车型电动汽车专用故障诊断仪的操作方法。
7. 能够注意培养劳动保护、安全与环保意识和团队协作意识。

相关知识学习

一、拆装工具

常用的电动汽车维修工具及检测仪器见表2-2。

表2-2   电动汽车常用维修工具及检测仪器

序号	类型	工具设备名称	规格要求	单位	备注
1	拆装工具	绝缘工具套装	高压电维修绝缘工具，耐压1000V	套	—
2	检测仪表	数字万用表	符合CAT Ⅲ要求	个	如FLUKE系列万用表
3		钳形电流表	符合CAT Ⅲ要求	台	如FLUKE321
4		绝缘测试仪	符合CAT Ⅲ要求	台	FLUKE1587
5	诊断仪器	专用车型诊断仪	对应车型	套	如北汽BDS，比亚迪ED400、ED1000
6	防护用品	绝缘台	耐压≥10kV	台	—
7		绝缘手套	耐压≥10kV	副	—
8		绝缘靴	耐压≥10kV	双	—
9		护目面罩（护目镜）	耐压≥10kV	副	—

说明

　　万用表、钳形电流表等在说明书和表体上标称了它的CAT等级和耐压值，并且整个表体的电子、机械、保护电路、耐压设计都严格遵守CAT等级的要求。根据国际电子电工委员会IEC1010-1的定义，把电工工作的区域分为4个等级，即CAT Ⅰ、CAT Ⅱ、CAT Ⅲ和CAT Ⅳ。CAT等级是向下单向兼容的，也就是说，一块CAT Ⅳ的万用表在CAT Ⅰ、CAT Ⅱ和CAT Ⅲ下使用是完全安全的，但是一块CAT Ⅰ的万用表在CAT Ⅱ、CAT Ⅲ、CAT Ⅳ的环境下使用就不保证安全了，万用表可能发生爆炸、燃烧等危险情况。

　　CAT等级严格规定了电气工作人员在不同级别的电气环境中可能遇到的电气设备的类型，以及在这样的区域中工作所使用的测量工具必须要遵循的安全标准。对于万用表、钳形电流表、过程校准仪表等手持表来说，它们所标注的CAT等级表明了它们各自所归属的最高的安全区域，CAT后面的电压数值则表示了它们能够受到电压冲击的上限。

例如，一个 CAT Ⅲ 600 V 的万用表，表示它可以在 CAT Ⅰ、CAT Ⅱ 和 CAT Ⅲ 区域安全使用，在这 3 个区域里如果表受到最高 600 V 的电压冲击，表不会对人体安全产生威胁；但是这款表在 CAT Ⅳ 区域使用的时候，或者说受到高于 600 V 的高压冲击的时候，就不能保证同样的安全。

所以要求电动汽车维修人员应充分了解并熟悉电气工作环境所属的 CAT 安全等级和耐压等级，并选择与其 CAT 等级和耐压等级对应的手持仪表。

1. 绝缘

（1）绝缘的概念

绝缘是指用不导电的物质（绝缘材料）将导电体隔离或包裹起来，以对触电起保护作用的一种安全措施。

（2）绝缘的必要性

良好的绝缘是保证设备和线路运行的必要条件，也是防止触电事故、漏电、短路的重要措施。良好的绝缘材料还有散热冷却、机械支撑和固定、储能、灭弧、防潮、防霉以及保护导体等作用。

2. 绝缘拆装工具

绝缘拆装工具是采用绝缘材料进行加工并适用于电气系统拆装等操作的工具。电动汽车涉及高压部分的零部件拆装必须使用绝缘拆装工具，如绝缘钳子、绝缘螺钉旋具、高压专用拆装工具组等，如图 2-20 所示。绝缘拆装工具必须装有耐压 1000 V 以上的绝缘柄。

二、检测仪表

电动汽车维修中使用的检测仪表有数字万用表、绝缘电阻测试仪（如手摇绝缘电阻表、高压绝缘测试仪）等。

1. 数字万用表

数字万用表应符合 CAT Ⅲ 安全级别的要求，图 2-21 所示是 UT505A 型数字万用表的外形图。

图 2-20 绝缘拆装工具

图 2-21 UT505A 型数字万用表

数字万用表通常具备以下检测功能：测试交流/直流（AC/DC）电压、电流、电阻、频率（Hz）、温度（TEMP）、二极管、连通性、电容、绝缘测试（低压）。有些汽车专用的数字万用表，还具有转速（RPM）、百分比（占空比，%）、脉冲宽度（ms）以及其他功能（如利用蜂鸣器等进行故障码读取）。

2. 绝缘电阻表

电动汽车的运行情况非常复杂，在运行过程中难免会出现部件间的相互碰撞、摩擦、挤压，导致高压电路与车辆底盘之间的绝缘性能下降。电源正、负极引线将通过绝缘层和底盘构成漏电流回路。当高压电路和底盘之间发生多点绝缘性能下降时，还会导致漏电回路的热积累效应，可能造成车辆的电气火灾。因此，高压电气系统相对车辆底盘的电气绝缘性能实时检测是电动汽车电气安全技术的核心内容。电气绝缘性能检测时需要使用专用的绝缘测试仪器，测量高压电缆及零部件对车身绝缘电阻是否处于规定值范围内。

能够进行绝缘测试的仪器很多，如数字万用表、绝缘电阻表、绝缘测试多用表和耐压测试仪等，最常用的测试仪器就是绝缘电阻表。

绝缘电阻表的种类有很多，但其作用大致相同。常用的绝缘电阻表是手摇绝缘电阻表，俗称"摇表"，是用来测量大电阻和绝缘电阻的检测仪表，计量单位是兆欧（MΩ），故又称"兆欧表"，如图 2-22 所示。

选用绝缘电阻表时，规定绝缘电阻表的电压等级应高于被测物的绝缘电压等级。测量额定电压在 500 V 以下的设备或线路的绝缘电阻时，可选用 500 V 或 1000 V 的绝缘电阻表；测量额定电压在 500 V 以上的设备或线路的绝缘电阻时，应选用 1000～2500 V 的绝缘电阻表；测量绝缘子时，应选用 2500～5000 V 的绝缘电阻表。一般情况下，测量低压电气设备绝缘电阻时可选用 200 MΩ 量程的绝缘电阻表。

绝缘电阻表只要在指针不为零的情况下，匀速摇（约 120 r/min），指针就会稳定在表盘的某个位置，根据表盘的显示数值和空格，就可以正确读出所测线路的绝缘电阻。

3．钳形电流表

钳形电流表也称为数字电流钳。在电动汽车维修与诊断时，经常会需要测量导线中的电流。由于驱动系统的导线（如逆变器与电机之间）存在较大的交变电流，必须使用钳形电流表进行间接测量。

典型的钳形电流表如图 2-23 所示，是根据电流互感原理制成的一种便携式电气测试仪表。其工作部分主要由一只电流表和穿心式电流互感器组成。穿心式电流互感器的铁心制成活动开口，且呈钳形，故称"钳形电流表"。钳形电流表是一种不需断开电路就可直接测量电路交流电流的携带式仪表。

图 2-22　手摇绝缘电阻表

图 2-23　典型的钳形电流表

三、诊断仪器

1．高压电池维修诊断仪

在更换电动汽车高压电池组内部的某组电池后，需要对更换的这组电池执行性能匹配，以保证新的电池组和整个电池包性能一致，这便需要使用专用的电池维修与诊断工具来辅助完成。通常动力电池维修与诊断仪支持高压动力电池的放电、电池单元维修等操作，并支持电池组数据的检测和通过 USB 进行车型软件的升级。

2．故障诊断仪

汽车电控系统故障诊断仪用于对应车型的故障诊断，也称解码器、故障扫描仪等。不同车型采用的故障诊断仪也不同，如北汽新能源汽车采用故障诊断系统（BAIC BJEV Diagnostic System，BDS），将诊断软件安装在计算机终端上，通过通信电缆（诊断盒子）与车载 OBD 诊断座连接，与车辆的控制模块通信进行故障诊断。比亚迪电动汽车用故障诊断仪为 ED400，可以完成读取及清除故障码，数据流读取，执行元件动作测试，系统基本设定，控制模块的软件升级、编程、编码及 ABS 主缸排气等功能。宝马电动汽车采用的故障诊断仪为 EOS。

任务实施

一、安全防护

1．劳动保护

① 穿好绝缘工作服。

② 穿好高压绝缘鞋。

③ 检查并佩戴绝缘手套。

2．车辆防护

① 打开主驾驶车门，铺设脚垫、转向盘套、座椅套。

② 打开发动机罩，固定支架，铺设翼子板布和格栅布。

二、绝缘拆装工具的使用

绝缘拆装工具的使用方法与普通工具相同，但是需特别注意以下事项。

① 应有专门的工具室存放，室内应通风良好，清洁、干燥。

② 如发现绝缘拆装工具损伤或受潮,应及时进行检修和干燥处理,试验合格后方可使用。

③ 绝缘拆装工具必须按规定定期进行绝缘性能的试验，不符合试验要求的，禁止使用。

三、钳形电流表的使用

① 估算电流大小，选择正确挡位与电流类型。例如，如果需要测量三相电机的一相电流，应选择交流电流挡。

② 打开钳形电流表，将被测量线路放入电流钳口之中。

注意

测量时，钳形电流表应该保持钳口闭合，否则将测量出不正确的电流，如图 2-24 所示。

图 2-24　钳口闭合测试

③ 起动被测量装置，读取电流值。如需测量一个变化的电流，应在第②步的基础上按下 MAX 键后再起动钳形电流表。

④ 测量结束后，取下钳形电流表。

四、数字式绝缘测试仪的使用

下面以应用广泛的 FLUKE 1587 数字式绝缘测试仪为例，介绍其使用方法。

1. 仪表使用注意事项

为了避免触电或人身伤害，应遵守以下指南操作。

① 严格按仪表使用手册操作，否则可能会破坏仪表提供的保护措施。

② 如果仪表或测试导线已经损坏，或者仪表无法正常操作，则请勿使用。若有疑问，请将仪表送修。

③ 在将仪表与被测电路连接之前，始终记住选用正确的端子、开关位置和量程挡。

④ 用仪表测量已知电压来验证仪表是否正常。

⑤ 端子之间或任何一个端子与搭铁点之间施加的电压不能超过仪表上标明的额定值。

⑥ 电压在 VAC 30 RMS（交流真均方根）、VAC 42（交流）峰值或 VDC 60（直流）以上时应格外小心。这些电压有造成触电的危险。

⑦ 出现电池低电量指示符时，应尽快更换电池。

⑧ 测试电阻、连通性、二极管或电容以前，必须先切断电源，并将所有的高压电容器放电。

⑨ 切勿在爆炸性气体或蒸汽附近使用仪表。

⑩ 使用测试导线时，手指应保持在保护装置后面。

⑪ 打开表壳或电池盖以前，必须先把测试导线从仪表上拆下。不能在未安装好表壳或电池盖打开的情况下使用仪表。

⑫ 在危险的场所工作时，必须遵循当地及国家主管部门的安全要求。

⑬ 在危险的区域工作时，需依照当地或国家主管部门的要求，使用适当的保护设备。

⑭ 不要一个人单独工作，维修时必须设专职监护人。

⑮ 仅使用指定的替换熔断丝来更换熔断的熔断丝，否则仪表保护措施可能会遭到破坏。

⑯ 使用前先检查测试导线的连通性。如果读数高或有噪声，则不要使用。

仪表以及使用手册中涉及安全的符号见表 2-3。

表 2-3 　　　　　　　　　　　　仪表及使用手册中的安全符号

符号	含义	符号	含义
～	AC（交流）	⏚	搭铁点
- - -	DC（直流）	▭	熔断丝
⚡	警告：有造成触电的危险	▢	双重绝缘
➕	电池（在显示屏上出现时表示电池低电量）	!	重要信息，请参阅手册

2. 仪表功能了解

（1）旋转开关功能

选择任意测量功能挡即可启动仪表。仪表为该功能挡提供了一个标准显示屏（量程、测量单位、组合键等）。用蓝色按钮选择其他任何旋转开关功能挡（用蓝色字母标记），旋转开关的选择功能如图 2-25 所示，对应的功能介绍见表 2-4。

图 2-25　仪表旋转开关选择的功能挡

表 2-4　　　　　　　　　　　　　　旋转开关的选择功能

开关位置	测量功能
$\tilde{V}$	AC（交流）电压介于 30.0mV～1000V
（仅 1587 型）	AC（交流）电压及 800Hz "低通" 滤波器
$\overline{\overline{V}}$	DC（直流）电压介于 1mV～1000V
$\overline{\overline{mV}}$	DCmV（直流毫伏）电压介于 0.1～600mV
（仅 1587 型）	温度介于 –40～+537℃（–40～+998℉） 摄氏度为默认测量单位，关闭仪表后，所选择的温度测量参数仍会保留在内存中
Ω	电阻（欧姆）介于 0.1Ω～50MΩ
（仅 1587 型）	电容介于 1nF～9999μF
)))))	连通性测试，蜂鸣器在电阻小于 25Ω时起动，在大于 100Ω时关闭
（仅 1587 型）	二极管测试，该功能挡没有量程规定，超过 6.6V 以上时显示 OL
$\overline{\overline{mA}}$	ACmA（交流毫安）电流介于 3.00～400mA（600mA 过载最长持续 2min） DCmA（直流毫安）电流介于 0.01～400mA（600mA 过载最长持续 2min）
INSULATION	电阻（欧姆）介于 0.01MΩ～2GΩ，1587 型选用 50V、100V、250V、500V（默认）和 1000V 电源进行绝缘测试，1577 型选用 500V（默认）和 1000V 电源进行绝缘测试，关闭仪表后，最后一次选择的高压设置值仍会保留在内存中，在绝缘测试时，按蓝色按钮可激活仪表的 "平稳化" 功能

（2）按钮功能

　　使用仪表按钮来激活可扩充旋转开关所选功能的特性。按钮如图 2-26 所示，对应的功能介绍见表 2-5。

图 2-26 仪表按钮

表 2-5   仪表按钮功能

按钮	说明
HOLD	该按钮可冻结显示值，再按一次释放显示屏，当读数改变时，显示屏会自动更新，仪表发出蜂鸣声，在 "MIN" "MAX" "AVG"（最小值、最大值、平均值）或 "Hz"（赫兹）模式下，该按钮控制显示保持。在 "Insulation Test"（绝缘测试）模式下，该按钮用来确定下一次用户按仪表或远程探头上的 INSULATION TEST 按钮时起动测试锁的时间，测试锁的作用是把按钮按住，直到用户再按一次 HOLD 或 INSULATION TEST 按钮来开锁
MINMAX	按此按钮开始记录最大值、最小值和平均值。持续按此按钮可显示最大值、最小值和平均值。按住此按钮取消显示最大值、最小值、平均值
Hz （仅 1587 型）	激活频率测量
RANGE	将量程模式从 "Auto Range"（自动量程，默认）模式改为 "Manual Range"（手动量程）模式。按住该按钮可返回 "Auto Range"（自动量程）模式
☀	打开或关闭背光灯，背光灯在 10min 后熄灭
INSULATION TEST	当旋转开关处于 "INSULATION TEST"（绝缘测试）位置时，起动绝缘测试，使仪表供应（输出）高电压并测量绝缘电阻
◯	蓝色按钮，其功能相当于 "Shift" 键，按此按钮可使用旋转开关上有蓝色标记的功能

（3）显示屏的介绍

仪表的显示屏指示符如图 2-27 所示，对应的信息介绍见表 2-6。

图 2-27 仪表显示屏指示符

表 2-6 仪表显示信息

仪表显示符	测量功能
➕	电池低电量。指示应何时更换电池,当显示此符号时,背光灯按钮被禁止以延长电池寿命。警告:为了避免因读数出错导致触电或人身伤害,当显示电池低电量指示符时,应尽快更换电池
🔒 LOCK	表示下一次用户按下仪表或远程探头上的 INSULATION TEST 按钮时,测试锁将被投入使用,测试锁的作用是将按钮按住,直到再按一次 HOLD 或 INSULATION TEST 按钮
⁓	符号,或大于符号
ϟ	危险电压警告,表示在输入端检测到 30V 或更高电压(交流或直流取决于旋转开关的位置);当在 $\widetilde{V}$、$\overline{V}$、mV 开关位置上,OL 显示在显示屏上,以及 **bᴧtt** 显示在显示屏上时,同样会出现该指示符;当绝缘测试正在进行,或处于 Hz 模式时,此符号也会出现
∿	平稳化功能被启用。平稳化功能是利用数字过滤消除快速变化的输入值的显示波动,仅 1587 型仪表的绝缘测试可使用平稳化功能,有关平稳化功能的更详细信息,请参阅开机通电选项
🔳LO	表示选择了 AC(交流)电压的低通滤波功能
⌁-HOLD	表示 Moto Hold(自动保持)功能已启用
HOLD	表示 Display Hold(显示保持)功能已启用
MIN MAX MAX MIN AVG	表示已经使用 MINMAX 按钮选择了最大读数、最小读数或平均数
⑴⑴⑴	已选择连通性测试功能
⎓⊳⊢ (仅 1587 型)	已选择二极管测试功能
nF,μF,℃,℉,AC,DC,Hz,kHz,Ω,kΩ,MΩ,GΩ	测量单位
0.0.0.0	主显示
V_DC	伏特(V)
1000	辅显示
Auto Range Manual Range 610000mV	显示当前使用的量程挡
2500V 1000V	绝缘测试所用的电源电压额定值:50V/100V/250V/500V(默认)或 1000V(1587 型)。500V(默认)和 1000V 量程挡(1577 型)
⏺TEST	绝缘测试指示符,当施加绝缘测试电压时该符号会显示在显示屏上
bᴧtt	出现在主显示位置,表示电池电量过低,不足以可靠运行,更换电池之前仪表不能使用。当主显示位置出现此符号时,➕ 也会显示
bᴧt	出现在辅显示位置,表示电池电量过低,不足以运行绝缘测试,在更换电池之前,INSULATION TEST 按钮被禁用,如把旋转开关转到其他任何功能挡,该信息消失
OL	表示超出量程范围的数,当检测到开路的热电偶时,也会出现此符号
LEᴧd	测试导线警告,当用户将开关调至或移开 $\overline{mA}$ 位置时,该信息将会短暂显示在显示屏上,并且仪表发出一声蜂鸣声

续表

仪表显示符	测量功能
d iSc	仪表不能将电容放电
EPPr Err	EEPROM（电可擦编程只读存储器）数据无效，请将仪表送修
CAL Err	校准数据无效，请校准仪表

（4）仪表输入端子的介绍

仪表的输入端子如图 2-28 所示，对应的端子功能介绍见表 2-7。

图 2-28　仪表输入端子

表 2-7　　　　　　　　　　　　　仪表输入端子功能

端子	说明
①	"+"用于绝缘测试的输入端子
②	"–"用于绝缘测试的输出端子。用于 400mA 以内的交流和直流电流测量，以及电流频率测量
③	用于电压、连通性、电阻、二极管、电容、电压频率及温度（仅 1587 型）测量的输入端子
④	用于绝缘测试以外的所有测量的公共（返回）端子

3. 基本测量操作步骤

在将测试导线与电路或设备连接时，在连接带电导线之前先连接公共（COM）测试导线；当拆下测试导线时，要先断开带电的测试导线，再断开公共测试导线。

（1）测量交流和直流电压

交流和直流电压的测量方法如图 2-29 所示。

（2）测量温度

仪表可以测量设备随附的 K 型热电偶的温度，按"RANGE"键可以在摄氏度（℃）和华氏度（℉）之间切换。为了避免损坏仪表或其他设备，尽管仪表的额定值为–40～537℃，仪表所带的 K 型热电偶的额定值却为 260℃。要测量该量程以外的温度，应使用额定值更高的热电偶。温度的测量方法如图 2-30 所示。将旋转开关转至 mV 挡，将热电偶探头插入图 2-28 所示的③、④插孔，另一端插入需要测量温度的部位，从显示屏上读取温度数据。

（a）交流电压　　　　　　　（b）直流电压　　　　　　　（c）直流微电压

图 2-29　交流和直流电压测量方法

80BK1K
型热电偶探头

通风孔
或
通气管

图 2-30　温度的测量方法

（3）测量电阻

电阻的测量方法如图 2-31 所示。

（4）测量电容

电容的测量方法如图 2-32 所示。

图 2-31　电阻的测试方法

图 2-32　电容的测试方法

（5）连通性测试

连通性测试是利用蜂鸣器的声音来表示电路导通。当检测到短路（电阻值 25Ω 以下）时，蜂鸣器发出蜂鸣声。为了避免仪表或被测试设备损坏，测试连通性以前，必须先切断电路电源并把所有高压电容器放电。连通性的测试方法如图 2-33 所示。

持续蜂鸣声

图 2-33　连通性的测试方法

（6）二极管测试

二极管的测试方法如图 2-34 所示。

图 2-34　二极管的测试方法

（7）测量交流或直流电流

为了避免人身伤害或损坏仪表，务必遵守以下事项。

① 当开路电势至搭铁点之间的电压超过 1000 V 时，切勿尝试在电路上测量电流。

② 测量电流之前，先检查仪表的熔断丝。

③ 测量时应使用正确的端子、开关位置和量程。

④ 当导线插在电流端子的时候，切勿把探头与任何电路并联。

电流测量方法如下：关闭（OFF）被测电路的电源，断开电路，将仪表以串联的方式接入，再起动（ON）电源，如图 2-35 所示。

图 2-35　直流或交流电流测量方法

（8）测量频率

频率测量方法如图 2-36 所示。

图 2-36　频率测量方法

（9）绝缘测试

绝缘测试只能在不通电的电路上进行。测试之前先检查熔断丝。绝缘测试方法如图 2-37 所示，具体操作步骤如下。

① 将测试探头插入 "＋" 和 "－" 端子。

② 将旋钮转至 INSULATION（绝缘）位置。当旋钮调至该位置时，仪表将起动电池负载检查。如果电池未通过测试，显示屏下部将出现 "电池" 符号，在更换电池前不能进行绝缘测试。

③ 按 "RANGE" 按钮选择电压。

④ 将探头与待测的电路连接。仪表会自动检查电路是否通电。

⑤ 主显示位置显示 "----" 直到按下 "INSULATION TEST" 按钮，此时将获取一个有效的绝缘电阻读数。

⑥ 如果电路电源超过 30V（交流或直流），主显示区显示超过 30V 以上警告，同时，显示高压符号，测试被禁止，必须立即关闭电源。

五、绝缘电阻表的使用

1. 接线柱的功能说明

如图 2-38 所示，绝缘电阻表有 3 个接线柱，两个较大的接线柱上分别标有 "E"（搭铁）和 "L"（线路），较小的一个接线柱上标有 "G"（"保护环" 或 "屏蔽"）。

① E 端。搭铁端，接被测设备的搭铁部分或外壳。

② L 端。接线端，接被测设备的导体部分。

③ G 端。保护环，主要用于电力电缆绝缘电阻的测量。

2. 开路和短路试验

① 使 L、E 两接线柱处于断开状态，摇动绝缘电阻表手摇柄，指针应指向 "∞"。

② 将 L 和 E 两个接线柱短接，慢慢地转动手摇柄，指针应指在"0"处。

图 2-37　绝缘测试方法

图 2-38　绝缘电阻表的接线柱

这两项都满足要求，说明绝缘电阻表是好的。

3．绝缘电阻的测量方法

（1）测量电机的绝缘电阻

① 确认电机电源已切断并已进行了设备放电。

② 将绝缘电阻表 E 接线柱接机壳（即搭铁），L 接线柱接到电机某一相的绕组上，如图 2-39 所示。确认引线没有相互绞在一起。

实际使用中，E、L 两个接线柱也可以任意连接，即 E 可以与被测物相连接，L 可以与接地体连接（即搭铁），但 G 接线柱绝不能接错。

③ 将绝缘电阻表放在水平位置，并用力按住绝缘电阻表顺时针摇动手摇柄，观察转速表，使其保持在约 120 r/min 后匀速摇动，当转速稳定表的指针稳定后，指针所指示的数值即为电

机该相线缆的对地绝缘电阻值。

④ 对被测物放电。

> **注意** 在绝缘电阻表的手摇柄未停止转动和被测物未放电时，不可用手去触及被测物的测量部分或拆除导线，以防触电。不能将绝缘电阻表的 L 端和 E 端直接短接放电。

⑤ 拆下电表的连接。

（2）测量电缆的绝缘电阻

① 确认电缆电源已切断并已进行了放电。

② 将 E 接线柱与电缆外壳相连接，L 接线柱与线芯连接，同时将 G 接线柱与电缆外壳、芯之间的绝缘层相连接，如图 2-39（c）所示。

③ 将绝缘电阻表放在水平位置，并用力按住绝缘电阻表顺时针摇动手摇柄，观察转速表，使其保持在约 120 r/min 后匀速摇动，当转速表的指针稳定后，指针所指示的数值即为被测线缆的绝缘电阻值。

④ 对被测物放电。

⑤ 拆下电表的连接。

图 2-39 绝缘电阻表的接线方法

六、故障诊断仪的使用

以北汽新能源故障诊断仪为例。

北汽新能源汽车采用 BDS 故障诊断系统（BAIC BJEV Diagnostic System），将诊断软件安装在计算机终端上，通过通信电缆（诊断盒子）与车载诊断系统（OBD）诊断座连接，与车辆的控制模块通信进行故障诊断，如图 2-40 所示。

1. 软件运行环境

① 硬件要求：笔记本式计算机或台式计算机或 Pad，系统盘空间不小于 5GB，内存不小

于 1 GB。

图 2-40　BDS 连接方式

接车辆OBD诊断座

② 操作系统：Windows XP SP3、Windows 7 和 Windows 8，暂不支持 Windows RT。

③ 网络要求：本软件需要在线激活和网络下载，务必保证连接互联网正常。

④ 安装条件：Windows 登录账户必须是管理员身份。

2．软件下载与安装

① 在北汽指定的网址进行软件下载与软件安装后，将安装文件"BDS setup.exe"复制到所要安装的计算机中。

② 双击即可选择软件安装。具体操作根据计算机"安装向导"的提示进行，如图 2-41 所示。

③ 安装结束后（见图 2-42），单击"结束"按钮，进入 BDS 诊断系统启动界面，如图 2-43 所示。

图 2-41　BDS"安装向导"开始界面

图 2-42　BDS"安装向导"完成界面

④ 软件启动成功后，进入 BDS 主界面，显示如图 2-44 所示。

3．软件功能使用说明

BDS 软件功能使用说明见表 2-8。

4．注册、激活与升级

（1）注册

第一次使用 BDS 无线诊断系统时，必须填写完整的客户信息，以便记录客户基本信息，加强客户与厂家联系，以及时共享厂家资源，增加客户对产品的使用安全，方便客户投诉和反馈建议。

图 2-43　BDS 启动界面

图 2-44　BDS 主界面

表 2-8　　　　　　　　　　　　　　BDS 软件功能说明

功能图标	功能介绍	功能描述
	主界面	BDS 汽车无线诊断系统主界面，介绍和描述产品性能和品牌
	汽车智能诊断系统	汽车无线诊断系统的核心功能，它提供了简易而专业的汽车综合诊断功能，包括读 ECU 信息，故障码分析，数据流分析，数据流冻结帧，元件执行，计算机编程、匹配、设定和防盗等功能
	系统设定	汽车无线诊断系统的系统设定功能，它提供多种功能操作模式，连接方式，米制、英制单位切换和语言选择等功能，从而丰富用户体验
	软件管理	产品软件管理，用于甄别汽车诊断软件的版本信息，以便客户升级软件；用于客户管理汽车诊断车型软件；用于注册客户信息，以加强客户的安全性，以及客户打印测试报告时显示客户信息
	系统退出	安全退出 BDS 系统

　　如图 2-45 所示，产品未注册时，BDS 系统中不包括车型软件，客户需先激活产品，才可以下载相关软件。

　　（2）激活

　　在激活产品或进行软件升级时，都是采用 USB 模式，因此，需确定 USB 连接和网络是否正常工作。激活操作请根据计算机提示进行。

　　（3）软件升级

　　进行软件升级时，需采用 USB 模式，因此，需确定 USB 连接和网络是否正常。升级操作请根据计算机提示进行。

　　5．诊断操作

　　① 将诊断盒子连接到汽车的 OBD 诊断座，连接完后，电源指示灯会亮。固定的无线局域网为 UCANDAS，如果现场 WiFi 自动连接没有成功，可手动设置 Wi-Fi 连接到 UCANDAS，Wi-Fi 连接成功后，无线图标会点亮，如图 2-46 所示。

　　② 启动 BDS 系统软件，显示 BDS 诊断主界面，如图 2-47 所示。

　　③ 单击汽车诊断图标，BDS 进入车型诊断程序界面，如图 2-48 所示。

图 2-45　BDS 注册界面

图 2-46　BDS 连接界面

图 2-47　BDS 诊断主界面

图 2-48　BDS 进入车型诊断程序界面

④ 选择需要的车型图标，单击软件版本，进入对应的车型诊断界面，如图 2-49 所示。

⑤ 下载结束后，单击"确定"按钮，进入车辆信息选择界面，如图 2-50 所示。

图 2-49　BDS 进入车型诊断界面

图 2-50　BDS 车辆信息选择界面

⑥ 单击车辆信息，进入快速测试界面，如图 2-51 所示。

⑦ 单击"快速测试"选项，进入车辆系统选择界面，如图 2-52 所示。

⑧ 单击要测试的系统，进入车辆系统功能选择界面，如图 2-53 所示。界面显示"故障码""数据流"和"特殊功能"3 个可选择的系统功能。

⑨ 单击要进行的系统功能（如单击"故障码"），进入下一级功能选择界面，如图 2-54

所示。界面显示"读取故障码""清除故障码"和"故障码冻结帧数据"3 个可选择的功能。

图 2-51　BDS 进入快速测试界面

图 2-52　BDS 车辆系统选择界面

图 2-53　选择需要的功能

图 2-54　故障码功能选择界面

⑩ 单击选择需要完成的功能（如单击"读取故障码"），屏幕将显示相应车辆系统存储的故障码，如图 2-55 所示。

图 2-55　故障码显示

其他功能测试操作方法与读取故障码相似，可参照执行。

3 纯电动汽车电源系统与驱动电机系统检修

学习任务3-1 电源系统检修

任务引入

纯电动汽车的电源系统包括动力电池、辅助储能装置、辅助电池、电池管理系统等。电动汽车维修人员必须充分熟悉所维修电动汽车电源系统的结构特点，并熟练掌握动力电池的检测、安装、连接、使用、维护以及电源系统常见故障和检修方法。

学习目标

1. 能够正确描述纯电动汽车储能装置的种类。
2. 能够正确描述纯电动汽车动力电池的种类。
3. 能够简单说明我国动力电池的应用状况。
4. 能够正确解释动力电池的各项性能指标。
5. 能够正确描述纯电动汽车用各类动力电池的结构、原理、特点及应用。
6. 能够正确描述纯电动汽车辅助储能装置的种类及各类型储能装置的特点。
7. 能够正确描述电池管理系统的功能及组成。
8. 能够规范地进行电池容量测试。
9. 能够规范地进行动力电池的安装和连接。
10. 能够初步对电池管理系统和电池组常见故障进行检修。
11. 能够注意培养劳动保护、安全、环保和团队协作意识。

相关知识学习

一、概述

1. 纯电动汽车储能装置的种类

电动汽车储能装置存储的能量一方面为电动汽车的驱动电机提供电能，驱动电机将电源的电能转换为机械能，通过驱动传动装置或直接驱动车轮工作；另一方面还为汽车其他电力设备提供必要的电能。

应用于纯电动汽车的储能装置有动力蓄电池（以下简称动力电池）、超级电容、飞轮电池等，目前应用较多的是动力电池和超级电容两种。

2. 纯电动汽车动力电池的种类

纯电动汽车所需要的理想能源应该满足以下要求。

① 持续稳定的大电流放电，能够使汽车保持一定的行驶速度。

② 有短暂大电流放电的能力，保证汽车在加速、上坡时有足够的动力。

③ 能一次性提供足够的能源，保证汽车有一定的行驶里程。

通过几十年的努力，符合上述条件的新型电池不断地被研制出来，并且涵盖物理电池、生物电池和化学电池三大类。

物理电池是指利用物理原理制成的电池，其特点是能在常温常压条件下进行能量转换，如太阳能电池、超级电容和飞轮电池等；生物电池是利用生物酶、微生物或叶绿素制成的电池，如微生物电池、生物太阳能电池；化学电池是一种直接把化学能转化为电能的电池。目前，世界上研发最成功的电动汽车电池就是化学电池。化学电池因电解质、正负极材料和功能的不同可分为三大类，而这三大类又可具体细分为很多小类，如图 3-1 所示。

目前，应用于纯电动汽车的动力电池主要有铅酸蓄电池、镍氢电池、锂电池、锌空气电池和石墨烯电池等。

3. 化学电池基本结构

化学电池一般由电极（正极、负极）、电解质、隔膜和容器（外壳）4 部分组成，如图 3-2 所示。电极是电池的核心部分，一般由活性物质和导电骨架组成。所谓活性物质，是指能够通过化学变化释放出电能的物质，如铅酸蓄电池负极板上的铅为活性物质，燃料电池质子交换膜（隔膜）上的氢为活性物质。导电骨架主要起传导电子和支撑活性物质的作用。单个电池或电池组上常标有 "+" "–" 符号，用于指示电池的正极端和负极端，便于使用者分辨和外电路接线，以免接错。

图 3-1 化学电池的分类

图 3-2 化学电池的组成

1—正极；2—电解质；3—外壳；4—负极

电解质通常为固体或液体，液体电解质常称为电解液，一般是酸、碱、盐的水溶液；固体电解质一般为盐类，由固体电解质组成的电池称为干电池。

4. 我国动力电池的应用状况

（1）以磷酸铁锂电池为主

2013 年，国内新能源汽车示范推广车辆的电池装车总容量为 86.52 万千瓦·时，其中，磷酸铁锂电池为 82.1 万千瓦·时，为装车总容量的 95% 左右，占绝对的主导地位。

2013 年，排名前五的纯电动乘用车分别是江淮 HFC7000A EV、上海华普 SMA7000 BEV、上海华普 SMA7001 BEV、北汽股份 BJ7000B3D1 BEV 和比亚迪 QCJ7006 BEVF，上述 5 款

纯电动乘用车均装用磷酸铁锂电池。2013 年，排名前五的纯电动客车分别是比亚迪 CK6120LG EV2、五洲龙 FDG613 EVG3、北京汽车 BJ6400L3R BEV、比亚迪 CK6120LG EV1 和比亚迪 CK6120LG EV，上述 5 款纯电动客车均装用磷酸铁锂电池。

（2）三元锂电池市场份额快速提升

磷酸铁锂电池在电动汽车上的应用受限于其能量密度问题。三元锂电池（也称三元系锂电池）与磷酸铁锂电池相比，造价较高，但能量密度高，低温性能好。所采用的是陶瓷隔膜，当电池内部短路时，可隔开短路源，所以明显提高了三元锂电池的安全性能。全球范围内，三元锂电池的研发生产日益受到重视，材料性能得到不断提升，应用领域得到不断拓展。

表 3-1 列出了目前我国部分新能源汽车车型动力电池配备情况。

表 3-1　　　　　　　目前我国部分新能源汽车车型动力电池配备情况

车型名称	电池类型	电池能量/kW·h	工况续驶里程/km
北汽 EV150 二代	三元锂	30	200
北汽 EV200	三元锂	30.4	245
北汽 ES210	三元锂	38	210
奇瑞 eQ	三元锂	22.3	200
江淮 iEV4	磷酸铁锂	19.2	152
江淮 iEV5	三元锂	23.3	200
上汽 E50	磷酸铁锂	18	120
比亚迪 e6 2015 款	磷酸铁锂	63.4	260
腾势 2014 款	磷酸铁锂	47.5	253
吉利知豆	三元锂	15.1	150
启辰晨风	锰酸锂	24	175
长安逸动 EV	三元锂	26	200
众泰芝麻 E30	三元锂	16	150
众泰云 100	三元锂	18	155

二、动力电池的性能指标

1．电压（V）

① 电动势。电动势指电池正极和负极之间的电位差，通常用符号 E 表示。

② 开路电压。开路电压指电池在开路时的端电压，一般开路电压与电池的电动势近似相等。

③ 额定电压。额定电压指电池在标准规定条件下工作时应达到的电压。

④ 工作电压（负载电压、放电电压）。在电池两端接上负载后，电池在放电过程中释放的电压称为工作电压。

⑤ 终止电压。电池在一定标准所规定的放电条件下放电时，电池的电压将逐渐降低，当电池不再适宜继续放电时，电池的最低工作电压称为终止电压。

放电曲线是指在一定的放电条件下电池连续放电时，其工作电压随时间的变化曲线，如图 3-3 所示。在曲线图上可以表征出电池放电过程的变化情况，同时也可通过放电曲线计算出电池的放电时间和放电容量。放电时率小者，其工作电压下降速度快，终止电压低，放电时间短，影响电池的实际使用效果。工作电压下降速度慢的电池往往能输出较多的能量。工作电压的变化速度有时也称作"放电曲线的平稳度"。

图 3-3　不同电流情况下电池的放电曲线

2. 电池容量（A·h）

电池在一定放电条件下所能放出的电量称为电池容量，以 C 表示，其单位常用 A·h 或 mA·h 来表示。电池的容量参数有以下几种。

① 理论容量。根据蓄电池活性物质的特性，按法拉第定律计算出的最高理论值称为理论容量。理论容量一般用质量容量 A·h/kg 或体积容量 A·h/L 来表示。

> **说明**　这里所说的法拉第定律指的是法拉第第一定律，即在电极界面上发生化学变化物质的质量与通入的电量成正比。

② 实际容量。实际容量是指电池在一定条件下所能输出的电量，等于放电电流与放电时间的乘积。

③ 标称容量（公称容量）。标称容量用来鉴别电池适当的近似容量值，由于没有指定放电条件，因此，只标明电池的容量范围而没有确切值。

④ 额定容量（保证容量）。额定容量是指在按一定标准所规定的放电条件下，电池应该放出的最低限度的容量。

⑤ 荷电状态（SOC）。荷电状态是指电池容量的变化情况，是电池在一定放电条件下，剩余电量与相同条件下额定容量的比值。SOC=1 即表示电池为充满状态。随着蓄电池的放电，其电荷逐渐减少，此时可以用 SOC 的百分数的相对量来表示蓄电池中电荷的变化状态。一般蓄电池放电高效率区为 SOC=50%～80%。对 SOC 精确的实时辨识，是电池管理系统的一个关键技术。

⑥ 放电深度（DOD）。放电深度是指放电容量与额定容量的百分比，它与 SOC 之间存在如下关系：

$$DOD=1-SOC$$

放电深度的高低对二次电池的使用寿命有很大影响，一般情况下，二次电池常用的放电深度越深，其使用寿命就越短，因此在电池使用过程中应尽量避免二次电池深度放电。

3. 功率（W、kW）

在一定的放电制度（放电条件）下，电池在单位时间内所输出的能量称为电池的功率。

电池的功率决定电动汽车的加速性能。电池的功率常用比功率和功率密度来表示。

① 比功率（W/kg）。比功率指单位质量电池所能发出的电功率。

② 功率密度（W/L）。功率密度指单位体积电池所能发出的电功率。

4．能量（W·h、kW·h）

电池在一定放电条件下所能释放出的能量称为电池的能量。电池的能量决定电动汽车的行驶距离。电池的能量具体有以下指标。

① 标称能量。标称能量是指在标准规定放电条件下，电池所能输出的能量。电池的标称能量是电池的额定容量与额定电压的乘积。

② 实际能量。实际能量是指在一定条件下电池所能输出的能量。电池的实际能量是电池的实际容量与平均工作电压的乘积。

③ 比能量（W·h/kg）。比能量是指单位质量电池所能输出的能量。电池的质量包括电池本身结构件质量和电解质质量。

④ 能量密度（W·h/L）。能量密度指单位体积电池所能输出的能量。

动力电池在电动汽车的应用过程中，由于电池组的安装需要配备电池箱、连接线、电流电压保护装置等元器件，因此，实际的电池组比能量比单体电池比能量低 20%以上。

5．内阻

电流通过电池内部时受到阻力，使电池的电压降低，此阻力称为电池的内阻。由于电池的内阻作用，使得电池在放电时端电压低于电动势和开路电压。在充电时的端电压高于电动势和开路电压。

6．寿命

蓄电池的工作是一个不断充电、放电的循环过程，按标准规定放电，当电池的容量降低到某一个规定值以前，就会停止继续放电，需要充电才能继续使用。在每一个循环中，电池中的化学活性物质要发生一次可逆性的化学反应。随着充电和放电次数的增加，电池中的化学活性物质会发生老化变质，逐渐削弱其化学功能，使得电池的充电和放电效率逐渐降低，直到电池丧失全部功能而报废。

电池的寿命即从开始使用到报废所经历的时间，常用循环次数和使用年限来表示。

① 循环次数。从蓄电池开始第一次充电到报废时所经历的充/放电次数称为循环次数，也称为循环寿命。蓄电池的循环次数与电池的充电和放电的形式、电池的温度及放电深度有关，放电深度浅时，有利于延长电池的寿命。特别是电池在电动汽车上的使用环境，包括电池组中各个电池的均衡性、安装方式、固定方式、所受的振动和线路的安装方式等，都会影响电池的循环次数。

② 使用年限。使用年限是指从蓄电池开始使用到报废所经历的年数。

7．放电制度

放电制度就是电池放电时所规定的各种条件，主要包括放电率（电流）、终止电压和温度等。

（1）放电率

电池放电的快慢称为放电率。放电率有时率和倍率两种表示方法。

① 时率。时率也称小时率，是以放电时间表示的放电率，即电池以一定的放电电流放电直到电池的电压降低到终止电压时（放完电池额定容量）所经过的时间。时率常用 C/n 来表示，其中，C 为额定容量，n 为放电电流。例如，电池的额定容量为 50A·h，以 5 A 电流放电，

则时率为 50/5=10（h），即电池以 10 小时率放电。由计算方法可知，放电率所表示的时间越短，所使用的放电电流越大。

② 倍率。倍率实际上是指电池在规定的时间内放出其额定容量所输出的电流值，它在数值上等于额定容量的倍数。例如，3 倍率放电，其表示放电电流的数值是额定容量数值的 3 倍，若电池的容量为 15A·h，则放电电流应为 3×15=45（A）。

当放电电流大于或等于额定容量的数值时，该放电电流值用倍率表示；若放电电流小于额定容量的数值时，该放电电流值用时率表示。蓄电池的额定容量常用 C 来表示，则放电率用在 C 前加系数表示。例如，2 倍率，即 $2C$，其放电电流值为额定容量电流值的两倍，而额定容量约 0.5 h 放完；2 小时率，即 $0.5C$，其放电电流值为额定容量电流值的 1/2，而额定容量约 2 h 放完。

（2）放电终止电压

终止电压值与电池材料直接相关，并受到电池结构、放电率、环境温度等多种因素影响。一般来说，电池在低温、大电流条件下放电时，电极的极化大，活性物质不能被充分利用，电池的电压下降较快。因此，电池在低温或大电流（高倍率）条件下放电时，终止电压可规定得小一些；小电流放电时，电极的极化小，活性物质能够得到充分利用，终止电压可规定得大一些。

8．自放电率

自放电率指电池在存放期间，在没有负荷的条件下自身放电，使得电池容量损失的速度。自放电率用单位时间（月或年）内电池容量下降的百分数来表示。

9．不一致性

电池的不一致性是指同一规格、同一型号的单体电池组成电池组后，在电压、内阻及其变化率、荷电量、容量、充电接受能力、循环寿命、温度影响、自放电率等参数方面存在的不同。在现有的电池技术水平下，电动汽车必须使用多块单体电池构成电池组来满足使用要求。由于不一致性的影响，动力电池组在电动汽车上使用的性能指标往往达不到单体电池原有水平，使用寿命可能缩短至原来的几分之一甚至十几分之一，严重影响电动汽车的性能和应用。

10．成本

电池的成本与电池的技术含量、材料、制作方法和生产规模有关，目前新开发的高比能量的电池成本较高，使得电动汽车的造价也较高，开发和研制高效、低成本的电池是电动汽车发展的关键。

除上述主要性能指标外，还要求电池无毒性，对周围环境不会造成污染或腐蚀，使用安全，有良好的充电性能，充电操作方便，耐振动，无记忆性，对环境温度变化不敏感，易于调整和维护等。

> 说明　电池记忆效应是指电池长期不彻底充电、放电，易在电池内留下痕迹，即电池对日常的充电、放电幅度形成记忆，日久就很难改变这种模式，不能再进行大幅度充电或放电，从而使电池的容量降低的现象。

目前电池技术的瓶颈在于如何造出容量大（满电可以连续行驶 400 km 以上）、体积小、重量轻、价格低的电池，以及如何实现快速充电。

三、纯电动汽车用动力电池

1．铅酸蓄电池

（1）种类

正极板活性物质为二氧化铅，负极板活性物质为铅，以酸溶液为电解质的蓄电池称为铅酸蓄电池。

根据电池的使用环境，铅酸蓄电池可分为固定式和移动式两种。固定式铅酸蓄电池由于体积和质量较大，一般仅用于不间断电源、位置相对固定的场所；电动汽车上使用的蓄电池均为移动式。

根据电池的作用，铅酸蓄电池可分为起动型和牵引型两种类型。起动型铅酸蓄电池一般作为汽车的辅助低压电源使用；牵引型铅酸蓄电池容量相对较大，可深度充/放电，比能量较高，适合作为汽车的主动力电源。

根据电池的结构原理，铅酸蓄电池可分为开口式（普通式）、阀控密封式、胶体式、双级性密封式、水平式、卷绕式及超级蓄电池等类型。

（2）结构

铅酸蓄电池由正极板、负极板、隔板、电池盖、电解液、加液孔盖和外壳等组成，如图 3-4 所示。正、负极板浸入稀硫酸电解液中成为单格电池。每个单格电池的标称电压为 2 V，因此，6 格串联起来成为 12 V 蓄电池。

图 3-4　铅酸蓄电池的基本结构

1—负极柱；2—加液孔盖；3—正极柱；4—穿壁连接；5—汇流条；

6—外壳；7—负极板；8—隔板；9—正极板

（3）型号

电动汽车使用的动力电池型号为××V-××Ah。例如 12 V-120 Ah，前面部分表示铅酸蓄电池的标称直流电压，后面部分表示铅酸蓄电池的标称容量。

（4）常用动力铅酸蓄电池

应用于电动汽车的动力铅酸蓄电池主要有阀控密封式铅酸蓄电池（VRLA）、胶体式铅酸蓄电池、水平式蓄电池与双极式蓄电池 4 种。

① 阀控密封式铅酸蓄电池。阀控密封式铅酸蓄电池属于免维护型蓄电池，所谓免维护型蓄电池是指在使用寿命期限内，除要保持表面清洁外，不需其他维护的蓄电池。这与它自身的结构特点密切相关。

② 胶体式蓄电池。胶体式蓄电池是指其电解液是由稀的硫酸钠溶液和硅酸溶液混合成胶

状物质的蓄电池。这种蓄电池因为其电解液的流动性不强，所以在储存、保管、运输及使用过程中都比较安全，但其容量与普通蓄电池相比有所降低。

③ 水平式蓄电池与双极式蓄电池。所谓水平式蓄电池就是极板为水平安置的电池，其结构如图 3-5（a）和图 3-5（b）所示。

所谓双极式蓄电池则是将原蓄电池的隔板去掉，正、负极板合一构成双极板，一面涂正极活性物质，另一面涂负极活性物质，如图 3-5（c）所示。据报道，英国一家公司用钛化合物作电极制成的铅酸蓄电池比能量达到 60W·h/kg，几乎接近镍氢电池、锂电池的比能量。如果在技术上有突破的话，价格低廉的铅酸蓄电池会大力推动电动汽车的普及。

图 3-5 水平式蓄电池及双极式蓄电池的结构

（5）特点

① 优点。

a. 电压高，单体电压为 2 V。在常用的蓄电池中，电压仅次于锂电池。

b. 价格低廉。

c. 可制成小至 1 A·h 大至几千安时的各种尺寸和结构的蓄电池。

d. 高倍率放电性能良好，可用于发动机起动。

e. 高低温性能良好，可在 –40～60℃ 条件下工作。

f. 电能效率高，可达 60%。

g. 易于浮充使用，没有记忆效应。

h. 易于识别荷电状态。

② 缺点。

a. 比能量低，在电动汽车中所占的质量和体积较大，一次充电行驶里程短。

b. 使用寿命短，使用成本高。

c. 充电时间长。

d. 存在铅污染。

（6）应用

早期生产的电动汽车大多采用铅酸蓄电池，如五十铃 Eif Resort、大发 Hijet Van、铃木奥拓、富士 Samber EV 等。低速纯电动汽车多采用 VRLA，如山东时风电动汽车即采用 10 块 GD04B 铅酸蓄电池串联成的电池组，额定电压为 60 V。采用铅酸蓄电池的典型纯电动乘用车代表是风靡一时的美国通用汽车公司的纯电动汽车 EV-1。我国株洲时代集团公司研发的 TEG6120EV-2 型电动大客车采用水平式铅酸蓄电池为动力电源，工作电压为 384 V。

2. 镍氢电池

（1）概述

以镍化合物（通常为氢氧化镍）为正极板活性材料，以储氢合金为负极板材料（活性物质为氢），以水溶性氢氧化钾和氢氧化锂的混合物为电解质的电池称为镍氢电池，属于碱性电池的一种。

（2）构造

镍氢电池的正极是球状氢氧化镍粉末与添加剂钴等金属、树脂和黏合剂等制成的涂膏，用自动涂膏机涂在正极板上，然后经过干燥处理成发泡的氢氧化镍正极板。在正极材料 $Ni(OH)_2$ 中添加钙（Ca）、钴（Co）、锌（Zn）或稀土元素，对稳定电极的性能有明显的改进。采用高分子材料作为黏合剂或经挤压和轧制成的泡沫镍电极，并采用镍粉、石墨等作为导电剂时，可以提高大电流时的放电性能。

镍氢电池的负极的关键技术是储氢合金，要求储氢合金能够稳定地经受反复的储气和放气的循环。储氢合金是一种允许氢原子进入或分离的多金属合金的晶格基块，用钛-钒-锆-镍-铬（Ti-V-Zr-Ni-Cr）5 种基本元素，并与钴、锰等金属元素烧结的合金，经过加氢、粉碎、成型和烧结成负极板。储氢合金的种类和性能，对镍氢电池的性能有直接的影响。负极在充电或放电过程中既不溶解，也不再结晶，电极不会有结构性的变化，在保持自身化学功能的同时，还保证本身的机械坚固性。储氢合金一般需要进行热处理和表面处理，以增加储氢合金的防腐性能，这有利于提高镍氢电池的比能量、比功率和使用寿命。

镍氢电池的基本单元是单体电池，每个单体电池都由正极、负极及装在正极和负极之间的隔膜组成，其外形有圆形和方形两种，如图 3-6 所示。每节电池的额定电压为 13.2 V（充电时最大电压为 16.0 V），然后将电池按使用要求组合成不同电压和不同容量的镍氢电池总成（电池组）。

（a）圆形电池　　　　（b）方形电池

图 3-6　镍氢单体电池的基本构造

（3）基本原理

如图 3-7 所示，镍氢电池充电时，水在碱性电解质溶液中分解为氢离子（H^+）和氢氧离子（HO^-），H^+ 被负极吸收，负极从金属转化为金属氢化物（吸附氢）；HO^- 被正极吸收，氢氧化镍转化为亚氢氧化镍。在放电过程中，H^+ 离开了负极，HO^- 离开了正极，H^+ 和 HO^- 在电解质氢氧化钾中结合成水并释放电能。

$$2NiOOH+KOH+H_2 \underset{充电}{\overset{放电}{\rightleftharpoons}} Ni(OH)_2+KOH+Ni(OH)_2$$

图 3-7 镍氢电池在碱性电解液中进行反应的模型

（4）特点

与铅酸蓄电池相比，镍氢电池具有以下特点。

① 比功率高。比功率可达到 200 W/kg 以上，约是铅酸蓄电池的 2 倍，能够提高车辆的起动性能和加速性能。目前商业化的镍氢功率型电池的比功率已经达到 1350 W/kg。

② 比能量高。镍氢电池的标称电压为 1.2 V，比能量可达到 70～80 W·h/kg，有利于延长电动汽车的行驶里程。

③ 寿命长。在 80% 的放电深度下，循环寿命可达到 1000 次（或 10 年）以上，是铅酸蓄电池的 3 倍。100% 放电深度循环寿命也在 500 次以上，在混合动力汽车中可使用 5 年以上。

④ 无重金属污染。镍氢电池中没有铅（Pb）和镉（Cd）等重金属元素，不会对环境造成污染。

⑤ 耐过充电、过放电。有高倍率的放电特性，短时间可以以 3C 放电，瞬时脉冲放电率很大。镍氢电池的过充电和过放电性能好。

⑥ 可以快速充电。在 15 min 内可充入 60% 的电量，1 h 内可以完全充满，应急补充充电的时间短。

⑦ 无记忆效应。故可以随充随放。

⑧ 使用温度范围宽。正常使用温度范围为 –30～55℃；存储温度范围为 –40～70℃。

⑨ 安全性好。短路、挤压、针刺、安全阀工作能力、跌落、加热、耐振动等安全可靠性试验无爆炸、燃烧现象。采用全封闭外壳，可以在真空环境中正常工作。

镍氢电池的主要缺点是充电时发热量大，需采用有效的散热系统。

（5）应用

汽车动力电池组经常处于充电、放电状态，而且充电、放电是不规则地进行的，这给电池的寿命带来了严重的影响。松下电池公司用模拟混合动力汽车行驶工况对镍氢电池进行仿真试验，证实镍氢电池的特性几乎不发生变化，镍氢电池用于混合动力汽车是比较合适的，但也有企业将其应用于纯电动汽车上，如日本丰田汽车公司的 RAV4 EV 配置动力电池组由

24 节 12 V 的镍氢电池组成，总电压为 288 V。

3．锌空气电池

（1）结构

锌空气电池的结构如图 3-8 所示。其中，图 3-8（b）为空气极板的放大图，由该图可知，空气极板由 4 层组成：一层为隔离层；二层为催化剂层，是表面改性的活性炭或炭黑材料；三层为集电层，用导电良好的金属网和塑料制成；四层为空气扩散层，用纤维素做扩散纸。催化剂层和空气扩散层之间有用聚四氟乙烯树脂做的含水层。成品的锌空气电池由一组单体电池串联而成，车载锌空气动力电池组还包括空气流通保障系统和电池组热管理系统，确保动力电池组能够长期稳定运转。空气流通保障系统调节进入锌空气电池正极的空气量，当不使用电池时可以自动切断空气。热管理系统主要是用来保证锌空气电池组能够可靠工作。

（a）锌空气电池的结构　　（b）空气极板

图 3-8　锌空气电池的结构

锌空气电池的充电和其他电池的概念不一样，这里的"充电"，就是把已经发生过化学反应生成氧化锌的锌粒清除出来，重新填入锌粒而已，方法简单，时间不长。车载锌空气动力电池组通常采用机械式充电模式，即用变换锌板或锌粒电解质的办法。更换下来的氧化锌在专门的工厂进行回收和处理，实现锌的再循环。这种特殊的"充电"一般换一次仅需数分钟，如更换一块 20 kg 的电池组仅需 100 s。因此，只要在公路沿线设置锌板或锌粒箱以及电解质容器匣的机械式整体更换站，其效果如同现在内燃机汽车的加油站，可为车主提供很大的便利。

（2）基本原理

如图 3-9 所示，锌空气电池以锌（Zn）为负极，空气电极为正极（活性物质为氧气），以 KOH 溶液为电解质。锌空气电池的化学反应与普通碱性电池类似，在特殊催化剂的作用下，当电池放电时，锌摄取输送炭块内从空气中吸附到的氧气，锌和氧气发生化学反应生成氧化锌（ZnO）。

正、负极之间发生的化学反应是不可逆的，不像其他形式的碱性电池，没有充电过程，反应过

图 3-9　锌空气电池原理图

的物质要清除掉，所以锌金属的消耗量较大。单体锌空气电池的工作电压为 $1.1 \sim 1.4\ V$。

锌空气电池实际上是一种半蓄电池半燃料电池。首先，负极活性物质同锌锰、铅等蓄电池一样封装在电池内部，具有蓄电池的特点；其次，正极活性物质来自电池外部的空气中所含的氧，理论上有无限容量，是燃料电池的典型特征。

（3）分类

锌空气电池根据其充电的方式以及在电动汽车及其他领域上应用的特点可分为 3 类，即直接再充式锌空气电池、机械充电式锌空气电池和注入式锌空气电池。

① 直接再充式锌空气电池。直接再充式锌空气电池是直接对锌空气电池的锌电极充电，在此过程中，锌在碱性溶液中的电化学活性很大，同时热力学性质不稳定，充电产物锌酸盐在强碱溶液中的溶解度较高，容易出现电极变形、枝晶生长、自腐蚀及钝化等现象，从而导致电极逐渐失效。另外，空气电极可逆性差，在大气环境中电解液容易碳酸化，且电解液受空气湿度的影响较大。当空气相对湿度较低时，电池将损失水分，导致电解液不足从而使电池失效；当空气相对湿度较高时，电解液变稀，导电率降低，还有可能淹没气体电极的催化剂层，降低电极活性，从而导致电池失效。因此，直接再充式锌空气电池的应用受到了一定的限制。但新研制的可再充式锌空气电池已经达到 100 次以上的循环寿命。

② 机械充电式锌空气电池。鉴于直接再充式锌空气电池存在的问题，根据锌空气电池的放电特征及自身的特点，可以采用机械式充电。机械式充电是指在电池完全放电后，将电池中使用过的锌电极取出，换入新的锌电极，或者将整个电池组进行完全更换，整个过程控制在较短的时间内（$3 \sim 5\ min$）。该方式对普及锌空气电池电动汽车非常有利。使用过的锌电极或锌空气电池可以在专门的锌回收利用工厂进行回收再加工，实现绿色环保无污染生产。

③ 注入式锌空气电池。注入式锌空气电池的基本原理与机械充电式锌空气电池相似，本质上都是更换锌极活性物质。该种电池是将配制好的锌膏源源不断地通过挤压或压力输送送入电池内，同时将反应完毕的混合物抽取到电池外，这样在电动汽车上应用时，电池系统只需携带盛放锌膏的燃料罐，燃料罐加注足够的锌膏燃料就可实现车辆的连续行驶。

（4）特点

① 优点。

a．比能量大。锌空气电池的理论比能量为 $1350\ W\cdot h/kg$，实际比能量为 $180 \sim 230\ W\cdot h/kg$；能量密度为 $230\ W\cdot h/L$。

b．充电时间短。采用机械充电模式，充电时间只需几分钟。

c．性能稳定。单电池有良好的一致性，可以深度放电，电池容量不受放电强度和温度的影响，可以在 $-20 \sim 80\ ℃$ 的环境条件下工作。放电时不产生压力，没有气体生成，可以实现密封免维护，便于电池组能量管理。

d．安全性好。即使外部遇到明火、短路、穿刺、撞击等情况，都不会发生燃烧、爆炸。

e．环保。电池正极采用活性炭、铜网，负极采用金属锌，没有使用一些有毒害的物质。

f．可再生利用。锌电极使用完后，可通过再生还原得到再次使用。

g．充电方便。由于锌空气电池的充电主要是更换极板，所以极板的再生可以集中进行。极板的分发可以像商店那样布点，不必建立专用的充电站。这不但可以节约大量先期投资，而且给用户带来很多方便。

② 缺点。锌空气电池对水分、二氧化碳非常敏感，如果湿度相对发生变化，电池的特性也会发生相应变化。锌空气电池的临界相对湿度约为 60%，如果偏离过高就会严重影响电池

的使用效果。经研究，如果湿度小于 60%，电池会失去水分；大于 60% 时水分又会过多，电池可能出现泄漏。随空气进入的二氧化碳将会与电解质（KOH）发生化学反应，使电解液酸化，生成碳酸（或亚碳酸）盐在电极上结晶，阴极会受到损坏，并会有堵塞空气通路的危险。

（5）应用

锌空气电池多应用于纯电动商用车上，如德国研发的锌空气电池邮政车，采用了以色列电燃料有限公司开发的锌空气电池。美国 Dreisback Electromotive 公司开发的锌空气电池，已在公共汽车和总重 9 t 的货车上使用。德国奔驰汽车公司的 MB410 型电动厢式车，标准总质量为 4000 kg，采用 150 kW·h 的锌空气电池。瑞典斯德哥尔摩市的电动货车、电动客车和电动服务车辆上，采用的锌空气电池能量密度为 180 W·h/kg，功率密度为 100 W·h/L，续驶里程在 350～425 km。国内部分厂家已经在注入式锌空气电池方面开展了多年的研究工作，并且在部分电动汽车上进行了实验性装车测试。2010 年，应用于北京市的电动大客车和环卫车，投入市公交和环卫系统的试验运行。

4．锂电池

（1）概述

以锂化合物为正极板活性材料，以石墨等为负极板材料，以无水有机物为电解质的电池称为锂离子蓄电池，简称锂电池。

根据锂电池所用电解质材料不同，锂电池可分为液态锂电池（LIB）和聚合物锂电池（LIP）两大类。上述两种锂电池的正、负极材料是相同的，基本原理也相似。

锂电池的正极材料有很多种，主要有钴酸锂、锰酸锂、镍酸锂、三元材料（镍、钴、锰）、磷酸铁锂等，相应的名称为钴锂电池、锰锂电池等，用三元材料为正极的锂电池则称为三元锂电池。

（2）结构

锂电池内部主要由正极、负极、电解质及隔膜组成，正、负极及电解质材料上的不同及工艺上的差异使电池具有不同的性能，尤其是正极材料对电池的性能影响最大。

锂电池有方形和圆柱形两种，如图 3-10 和图 3-11 所示。

图 3-10　方形锂电池　　图 3-11　圆柱形锂电池

① 正极材料。液态锂电池的正极材料是一类能使锂离子较为容易地嵌入和脱出，并能同

时保持结构稳定的化合物，即嵌入式化合物。目前被用来制作电极材料的嵌入式化合物均为过渡金属氧化物，如锰酸锂、磷酸铁锂、钴酸锂、镍钴锰锂等。

② 负极材料。液态锂电池的负极材料采用碳材料，主要有石墨、微珠碳、石油焦、碳纤维、裂解聚合物和裂解碳。石墨锂电池碳材料是应用最早、研究最多的一种，其具有完整的层状晶体结构，这种层状结构有利于锂离子的脱嵌，能与锂形成锂-石墨层间化合物，是一种性能较好的锂离子电池负极材料。正在研究的负极材料还有氧化物材料和金属合金类材料。

③ 电解质。电解质又称为电解液，为提高电池的综合性能，电解质通常为混合不同性质的几种溶剂。液态锂电池的电解质为液态，其溶剂为无水有机物。

④ 隔膜。隔膜的作用是关闭或阻断通道。所谓关闭或阻断作用，是指电池出现温度异常上升时，阻塞或阻断作为离子通道的细孔，使电池停止充/放电反应，从而有效防止因外部短路等引起的过大电流而使电池产生异常发热现象。隔膜通常采用聚烯多微孔膜，如 PE、PP或复合膜。

⑤ 外壳。外壳采用钢或铝材料，盖体组件具有防焊断电的功能。在外壳上设置有安全阀（排气阀），当电池内气压过高时，安全阀打开（破裂），以释放气体，防止电池破裂。

聚合物锂电池又称为高分子锂电池，属第二代锂电池。聚合物锂电池由多层薄膜组成：第一层为金属箔集电极，第二层为负极，第三层为固体电解质，第四层为正极，第五层为绝缘层。负极采用高分子导电材料、聚乙炔、人造石墨、聚苯胺或聚对苯酚等。正极采用 $LiCoO_2$、$LiNiO_2$、$LiMn_2O_4$ 和 $Li(CFSO_2)_2$ 等，电解质为胶体电解质，如 $LiPF_6$、有机碳酸酯混合物等。

（3）基本原理

如图 3-12 所示，锂电池在充电时，锂离子从正极脱嵌经过电解质嵌入负极，负极处于富锂状态，正极处于贫锂状态，同时电子的补偿电荷从外电路供给到负极，保持负极的电平稳。放电时则相反，锂离子从负极脱嵌，经过电解质嵌入到正极，正极处于富锂状态，负极处于贫锂状态。锂电池在充电时，正极中的锂离子通过聚合物隔膜向负极迁移，在放电过程中，负极中的锂离子通过隔膜向正极迁移，锂电池就是因锂离子在充/放电时来回迁移而命名的。

图 3-12　锂电池的工作原理示意图

（4）特点

锂电池有多个种类，各类锂电池的特点有所差异，具体性能指标比较见表 3-2。

表 3-2　　　　　　　　　　　　各类锂电池的性能指标比较

指标	三元材料电池		磷酸铁锂电池（LFP）	锰酸锂电池（LMO）	钴酸锂电池（LCO）
	镍钴铝电池（NCA）	镍钴锰电池（NCM）			
克容量/（mA·h/g）	160～190	160～190	130	90	145
电压平台/V	3.7	3.6	3.2	3.8	3.7
现阶段比能量/（W·h/kg）	>180	160～180	120～130	130～150	150～180
循环寿命	>2000 次	>2000 次	>2000 次	500～800 次	>1000 次
工作高温/℃	−30～65	−30～65	−20～75	−20～45	−20～80
成本	低	低	高	最低	较高
材料资源	钴资源缺乏	钴资源缺乏	丰富	丰富	钴资源缺乏
综合性能	优	优	良	差	良
优点	高能量密度，低温性能好	电化学稳定，循环性能好	高安全性，循环寿命长	锰资源丰富，价格较低，安全性好	充/放电稳定，生产工艺简单
缺点	高温性能差，安全性差，生产技术门槛高	用到部分金属钴，价格昂贵	低温性能较差	能量密度低，电解质相溶性较差	钴价格高，循环寿命较低

尽管各类锂电池性能有所不同，但总体上表现以下特点。

① 优点。

a．工作电压高。单体锂电池的工作电压为 3.6 V，是镍氢电池的 3 倍，是铅酸蓄电池的近 2 倍。

b．比能量高。比能量高达 150 W·h/kg，是镍氢电池的 2 倍，是铅酸蓄电池的 4 倍，因此重量是相同能量的铅酸蓄电池的 1/4～1/3；体积小，能量密度高达到 400 W·h/L，体积是铅酸蓄电池的 1/3～1/2。

c．循环寿命长。循环次数可达 1000 次（10 年以上或 20 万千米）。以容量保持 60%计，电池组 100%充/放电循环次数可以达到 600 次以上，使用年限可达 3～5 年，寿命约为铅酸蓄电池的 2～3 倍。

d．自放电率低。锂电池每月自放电仅为 6%～8%，远低于其他类型的动力电池。

e．无记忆效应。锂电池可以随时随地地进行充电。

f．无污染。锂电池中不存在有毒物质，因此被称为"绿色电池"。

g．重量轻。锂电池提供了更合理的结构和更美观的外形的设计条件、设计空间和可能性。

② 缺点。

a．成本高。主要是正极材料的价格高，但按单位 W·h 的价格来计算，只高于铅酸蓄电池。

b．必须有特殊的保护电路，以防止电池过充电。

（5）应用

目前，全球汽车制造商应用的锂动力电池主要为三大代表种类，即以特斯拉为代表的镍钴铝酸锂电池（钴酸锂电池）、以比亚迪为代表的磷酸铁锂电池和以日本汽车为代表的锰酸锂电池。例如，日产的 Leaf 即采用 48 个电池单元组成层叠式紧凑型锂电池组，提供超过 90 kW 的输出功率。另外，三菱的 i-M iEV、雪佛兰 VOLT 等电动汽车均采用锂电池。

5．石墨烯电池

（1）概述

石墨烯电池是利用锂离子在石墨烯表面和电极之间快速大量穿梭运动的特性，开发出的一种新能源电池。这种新的电池可将数小时的充电时间压缩至 1 min 内。分析人士认为，未来 1 min 快充石墨烯电池实现产业化后，将带来电池产业的变革，从而也促进新能源汽车产业的革新。

目前石墨烯的研究总体上分两方面：一是在传统锂电池上进行应用，目的是改进、提升锂电池的性能，这类电池不会产生颠覆性的影响；二是依据石墨烯制造一个新体系的电池，它是一个崭新的系列，在性能上是颠覆性的，称作"超级电池"。因此可以认为，目前研发的石墨烯电池仍属于锂电池系列。

石墨烯的微观构造，是一个由碳原子所组成的网状结构（见图 3-13）。因为其具有极限的厚度（只有一层原子的厚度），所以阳离子的移动所受的限制很小。同时正因为具有网状结构，所以由石墨烯所制成的电极材料也拥有充分的孔洞，使用石墨烯作为电池的阳极材料，其充/放电速度将超过锂电池的 10 倍。

图 3-13　石墨烯材料的微观结构

研究发现，将 6 个石墨烯电路形成串联，放在氯化铜溶液中，就可产生所需的 2 V 电压，使 LED 灯发亮，如图 3-14 所示。

图 3-14　石墨烯电池原理示意图

（2）应用

据报道，西班牙 Graphenano 公司（一家以工业规模生产石墨烯的公司）同西班牙科尔瓦多大学合作研究出首例石墨烯聚合材料电池，其储电量是目前市场最好产品的 3 倍，用此电池提供电力的电动汽车续驶里程可达 1000 km，而其充电时间不到 8 min。虽然此电池具有各种优良的性能，但其成本并不高。Graphenano 公司相关负责人称，此电池的成本将比锂电池低 77%，完全在消费者承受范围之内。此外，在汽车燃料电池等领域，石墨烯还有望带来革命性进步。

2014 年 12 月，美国电动汽车制造商特斯拉发布了两年前停产的第一代车型 Roadster 的升级版，续驶里程达到 644 km，高出原版 60%。电池技术的进步提升了特斯拉产品的性能，此前 Roadster 的续驶里程是 393 km。特斯拉 CEO 马斯克称，特斯拉的高性能石墨烯电池，相比目前的容量增长近 70%。

四、应用于纯电动汽车的其他电能源

1. 超级电容

超级电容属于物理电池。物理电池在储存能量、释放能量时不发生化学变化。

（1）结构原理

超级电容也称为电化学电容器、双电层电容器，是一种新型储能装置，可以在大电流下快速充/放电，提供很大的瞬时充/放电功率，循环寿命长，工作电压和温度范围宽。

超级电容的储能方式与传统电容器不同，传统电容器由电极和电介质构成，电极间的电介质在电场作用下产生极化效应而存储能量；而电化学电容器则不存在介质，它依靠电解质与电极接触界面上形成的特有双电层结构储存能量。电化学电容器的容量远大于传统电容器，达到 $10^3 \sim 10^4$ F。

德国物理学家亥姆霍兹（Helmholtz）在进行固体与液体界面现象的研究中发现，当导体电极插入电解液中时，导体电极即与电解液接触，由于库仑力、分子间作用力（范德华力）或原子间作用力（共价力）的作用，其表面上的静电荷将从溶液中吸引部分不规则分配的带异种电荷的离子，使它们在电极/电解质溶液界面的溶液一侧，与电极保持一定距离排成一排，形成一个电荷数量与电极表面剩余电荷数量相等而符号相反的界面层，从而形成一层在电极上、另一层在溶液中的两个电荷层，称为双电层，如图 3-15 所示。由于界面上存在一个位垒，因此两层电荷都不能越过边界彼此中和。双电层结构将形成一个平板电容器。

超级电容器的结构如图 3-16 所示。超级电容器的电极为多孔化结构，采用活性炭粉、活性炭或活性炭纤维制成，电解液采用有机电解质。多孔性的活性炭有极大的表面积，在电解液中吸附着电荷，因而具有极大的电容量，并可以存储很大的静电能量。双电层超级电容器的充/放电过程始终是物理过程，没有化学反应。因此性能是稳定的，与利用化学反应的蓄电池是不同的。

图 3-15　双电层电容器的电荷分布

图 3-16　超级电容器的结构示意图

目前主要的双电层结构超级电容器主要有炭电极双电层电容器、金属氧化物电极双电层电容器和有机聚合物电极双电层电容器。但是由于金属氧化物（氧化钌）电极电容价格高昂，有二次污染等因素，因此目前主要用于军事领域；而有机聚合物技术尚未成熟，因此在电动汽车上广泛使用的主要是炭电极超级电容器。

炭电极超级电容器的面积是基于多孔炭材料实现的，该材料的多孔结构允许其表面积达到 2000 m^2/g，通过一些措施还可以实现更大的表面积。炭电极超级电容器电荷分离开的距离是由被吸引到带电电极的电解质离子尺寸决定的，该距离比传统电容器薄膜材料所能实现的距离更小。这种庞大的表面积再加上非常小的电荷分离距离使得超级电容器较传统电容器而言有巨大的静电容量。尽管能量密度比电池低，但是这种能量储存方式有快充电、快放电的

特点，可以应用在传统电池难以解决的短时高峰值电流应用之中。图 3-17 所示为 Maxwell 公司生产的超级电容外形图。

图 3-17　Maxwell 公司生产的超级电容外形

　　双电层电容本质上是一种静电型能量储存方式，目前已经研制出活性炭材料的表面积可以达到 2000 m²/g，单位质量的电容量可达 100 F/g，并且电容的内阻还能保持在很低的水平，而炭材料还具有成本低、技术成熟等优点，使得该类超级电容在汽车上应用最为广泛。

　　因为传统的蓄电池（如铅酸蓄电池）功率密度偏低，不能满足车辆频繁起步、加速和制动的工况要求，而且加速时浪费了过多的能量，致使车辆的续驶里程不能满足要求。加装超级电容的车辆就可以有效地解决这一问题，既可以提供较大的驱动电流，满足车辆的行驶工况，又可以节省电池的能量，延长车辆的续驶里程，同时减少了蓄电池的频繁充/放电的次数，提高了蓄电池的使用寿命。

　　（2）使用方式

　　超级电容和 DC/DC（直流/直流）转换器系统搭配是常用的使用方式。超级电容和动力电池采用并联的连接方式。超级电容在车辆正常行驶的时候，不参与工作；但当车辆进行加速或上坡时，超级电容通过 DC/DC 转换器的控制提供短期的大电流，并与动力电池共同供电，两者再经过电机控制器的调控，将电供给电机以驱动车辆。当超级电容的电压低于动力电池的端电压时，DC/DC 转换器通过工作电路降压，使得超级电容达到能量饱和状态。在动力电池急需能量时通过控制电路对超级电容能量进行升压输出到动力电池正负端。

　　图 3-18 所示为动力电池和超级电容复合能量的结构示意图。

图 3-18　动力电池和超级电容器复合能量结构示意图

　　（3）特点

　　① 充电速度快。充电 10 s～10 min 可充至其额定容量的 95% 以上。

② 循环使用寿命长。深度充/放电循环使用次数可达 1～50 万次，没有记忆效应。

③ 大电流放电能力超强，能量转换效率高。大电流能量循环效率超过 90%。

④ 比功率高。比功率可达 300～5000 W/kg，相当于铅酸蓄电池的 5～10 倍。比能量可达 20 W·h/kg。

⑤ 环保。产品原材料构成、生产、使用、储存以及拆解过程均没有污染，是理想的绿色环保电源。

⑥ 安全。充/放电线路简单，无需充电电路，安全系数高，长期使用免维护。

⑦ 超低温特性好。温度范围宽（–40～+70 ℃）。

⑧ 检测方便。剩余电量可直接读出。

⑨ 容量范围宽。容量范围通常在 0.1～1000 F。

（4）应用

日本是将超级电容器应用于混合动力汽车的先驱，超级电容器是近年来日本电动汽车动力系统开发中的重要领域之一。

2004 年 7 月，我国首辆"电容蓄能变频驱动式无轨电车"在上海张江作为公交车投入试运行，该公交车利用超级电容比功率大和公共交通定点停车的特点，当电车停靠站时在 30 s 内快速充电，充电后就可持续提供电能，车速可达 44 km/h。哈尔滨工业大学和哈尔滨巨容新能源有限公司研制的超级电容器电动公交车，可容纳 50 名乘客，最高速度为 20 km/h，2010 年上海世博会期间，在世博园内也运行了采用超级电容器驱动的电动客车。

在纯电动汽车和混合动力汽车上采用超级电容与动力电池复合电源系统被认为是解决未来电动汽车动力问题的最佳途径之一。随着对电动汽车用超级电容的进一步研究和开发，超级电容-动力电池复合电源系统在满足性能和成本要求上更具有实用性，其市场前景广阔。

英国伦敦大学帝国理工学院正在研发一种聚合树脂和碳化纤维的复合物，首先把纳米结构的碳纤维材料制成薄片，然后成型、烘干、硬化，再把超级电容植入其间。可以通过叠加的方式，将其做成电池模块，并做成车身面板的样子，布置在车身框架之上。研究显示，这种新型材料电池的充电速度比常规电池组更快，而且强度更好，适用性更强，可以取代车身面板，比如车门、行李舱盖、发动机罩、车顶等，从而节省电池组所需空间。如果用这种新材料来代替传统的钢板车身，整个汽车的重量将会减少 15%。这样不仅可以减轻电动汽车的重量，还能存储更多能量。

除了用于动力驱动系统外，超级电容在汽车零部件领域也有广泛的应用。例如，未来汽车设计使用的 42 V 电系统（转向、制动、空调、高保真音响、电动座椅等），如果使用长寿命的超级电容，可以使得需求功率经常变化的子系统性能大大提高，另外还可以减少车内用于电制动、电转向等子系统的布线，减少汽车子系统对电池的功率消耗，延长电池使用时间。

2．飞轮电池

（1）概述

飞轮电池就是以机械飞轮来存储能量的装置，也称高速飞轮、储能飞轮等。典型的飞轮电池结构如图 3-19 所示，其基本工作原理如图 3-20 所示。外界输送过来的电能通过电机转换为飞轮转动的动能储存起来，当外界需要电能的时候，又通过发电机将飞轮的动能转换为电能，输出到外部负载，而空闲运转时的损耗非常小。为了减少空闲运转时的损耗，提高飞轮的转速和飞轮储能装置的效率，飞轮储能装置轴承的设计一般都使用非接触式的磁悬浮轴承技术，而且将电机和飞轮密封在一个真空容器内以减少风阻。

图 3-19 飞轮电池结构

图 3-20 飞轮电池工作原理

发电和电动功能通常使用一台电机来实现，并通过轴承和飞轮连接在一起，这样，实际常用的飞轮储能装置，主要包括飞轮、轴、轴承、电机、真空容器和电力电子装置。

（2）特点

① 比能量高。飞轮电池比能量可达 150 W·h/kg，约是镍氢电池的 2 倍。

② 比功率高。飞轮电池比功率达 10000 W/kg，高于一般化学动力电池和燃油发动机。

③ 充电时间短。其快速充电可在 18 min 内完成且能量储存时间长。

④ 寿命长。整个电池的使用寿命远长于各种化学动力电池，可达 25 年，可供电动汽车行驶 500 万千米。

⑤ 环保。飞轮为纯机械结构，不会像发动机产生排气污染，同时也没有化学动力电池的化学反应过程，不会引起腐蚀，也无废料的处理回收问题。

（3）使用方式

飞轮电池与具有两种工作模式（电动、发电）的电机转子相结合，能够将电能和机械能进行双向转换。图 3-21 显示了这种飞轮电池和动力电池构成的复合能量结构，所选用的动力电池应能提供高比能量。飞轮最好与无刷交流电机结合使用，因为这种电机的效率比直流电机高，因而应在动力电池和飞轮之间加一个 AC/DC 转换器。

图 3-21 动力电池和飞轮电池复合能量结构示意图

（4）应用

就目前的技术来看，飞轮电池电动汽车还不能广泛应用，由于飞轮储能装置本身的特点，它更加适用于复合动力汽车和混合电动汽车技术中。

20 世纪 80 年代初，瑞士 Oerlikon Energy 公司研制成功了完全由飞轮电池供电的电动公交客车，飞轮直径为 163 mm，可载乘客 70 人。1992 年，美国飞轮系统公司（ASF）采用纤维复合材料制造飞轮，并开发了飞轮电池电动汽车，该车一次充电续驶里程达到 600 km。

五、电池管理系统

1．电动汽车使用电池管理系统的必需性

电动汽车的电池具有以下缺点。

（1）大容量单体电池容易产生过热

汽车动力电池采用大容量单体锂电池容易产生过热。单体电池有一定的温度耐受范围，在实际应用中如果体积过大，会产生局部过热，从而影响电池的安全和性能。因此，单体电池的大小受到限制，动力和储能电池不可能采用超大的单体锂电池。在苛刻的使用环境下，110 mm×110 mm×25 mm 的 20 A·h 锂电池，局部最高温度为 135℃；而 110 mm×220 mm×25 mm 的 50 A·h 锂电池，局部温度高达 188℃，更容易发生安全问题，所以有必要监测和控制温度。

（2）电池的性能不完全一致

基于现有的正极材料和电池制造水平，单体电池之间尚不能达到性能的完全一致，在通过串并联方式组成大功率大容量动力电池组后，苛刻的使用条件也易诱发局部偏差，从而引发安全问题。电池性能在生产和使用过程中的不一致情况，见表 3-3。

表 3-3　　　　　　　　　　　　电池性能在生产和使用过程中的不一致情况

生产过程	使用过程	造成的差异
生产工艺、材质有差异	长时间使用，材质老化不同步	电压、内阻、容量
生产的批次不同		容量、内阻
个别电池内部短路	电池自放电	电流、内阻
—	电池组内不同区域温度不同	电压、内阻、电流承受能力
	串并联充放电工作电流	电压分布不均匀
	系统局部漏电	SOC 变化不同

（3）电池成组后的主要问题

① 过充电/过放电。串联的电池组充/放电时，部分电池可能先于其他电池充满或放完。继续充/放电就会造成过充电或过放电，锂电池的内部副反应将导致电池容量下降、热失控或者内部短路等问题。

② 过大电流。并联、老化、低温等情况，均会导致部分电池的电流超过其承受能力，降低电池的寿命。

③ 温度过高。局部温度过高，会使电池的各项性能下降，最终导致内部短路和热失控，产生安全问题。

④ 短路或者漏电。因为振动、湿热、灰尘等因素造成电池短路或漏电，威胁驾乘人员的人身安全。

2．电池管理系统的功能

电池管理系统（Battery Management System，BMS）的功能之一就在于避免电池组出现上述问题，需要动态监测动力电池组的工作状态，实时采集每块电池的端电压和温度、充/放电电流及电池组总电压，估算出各电池的 SOC、安全状态（State of Health，SOH）和电化学状态（State of Electroformation，SOE）。然后通过控制相关器件，防止电池发生过充电或过放电现象，同时能够及时给出电池状况，找出有故障电池所在箱号和箱内位号，挑选出有问题的电池，保持整组电池运行的可靠性和高效性。

此外，BMS 还需要设定面向用户端的显示，将估算的剩余电量换算成可行驶里程，同时，还需要有自动报警和故障诊断功能，方便驾驶人员操作和处理。因此，BMS 任务可归纳为：数据采集电路首先采集电池状态信息数据，再由电子控制单元（ECU）进行数据处理和分析，然后根据分析结果对系统内的相关功能模块发出控制指令，并向外界传递信息。

BMS 包含多个处理模块：数据采集模块、SOC 估算模块、电气控制模块、安全管控模块、热管理模块、数据通信和显示模块等。BMS 的主要任务、输入信号和执行元件，见表 3-4。

表 3-4   BMS 的主要任务、输入信号和执行元件

BMS 的主要任务	输入的信号	执行元件
防止过充电	电池电压、电流、温度	充电机
避免过放电	电池电压、电流、温度	电机功率转换器
温度控制	电池温度	冷热空调（风扇等）
电池组件电压和温度的平衡	电池电压和温度	平衡装置
预测电池的 SOC 和剩余行驶里程	电池电压、电流、温度	显示装置

充电站对储能性能的要求是大容量、长寿命、快速响应、可涓流充电，因此对 BMS 的要求方面有所不同，但总体功能要求仍与动力电池 BMS 类似，具有监控电池 SOC 和 SOH 状态、动态充/放电、智能管理和输出控制等功能。

3．BMS 结构

BMS 最基本的作用是进行电池组管理，还包括电线线路管理、热（温度）管理和电压平衡控制。图 3-22 所示为 BMS 系统结构框图。

图 3-22 BMS 系统结构框图

（1）电池组管理系统

电池组管理系统的作用是：管理电池的工作情况，避免出现过放电、过充电、过热，对出现的故障应能及时报警，以便最大程度地利用电池的存储能力和循环寿命。该系统包括电池组电压测试、电池组电流测试、电池组和单节电池的温度测试、SOC 计算及显示、电池组剩余电量显示、车辆在线可行驶里程显示、自动诊断系统和报警系统、安全防护系统。

（2）电线线路管理系统

电线线路管理系统的作用是管理动力电池组分组及连接、动力电线束、手动或自动断电器、传感器的类型、传感器线束。

（3）热（温度）管理系统

热（温度）管理系统的作用是管理电池组组合方式、电池组分组和支架布置、通风管理系统和风扇、温度管理 ECU 及温度传感器、热能的应用。

（4）电压平衡控制系统

电压平衡控制系统的作用是平衡各电池的充电量，能延长电池寿命，并对更换后的新电池进行容量平衡。

任务实施

一、安全防护

1. 劳动保护

① 穿好绝缘工作服。

② 穿好高压绝缘鞋。

③ 检查并佩戴绝缘手套。

2. 车辆防护

① 打开主驾驶车门，铺设脚垫、转向盘套、座椅套。

② 打开发动机罩，固定支架，铺设翼子板布和格栅布。

二、电池容量测试

下面以德工仪器 C103 型电池容量测试仪测试手机锂电池为例，说明测试电池容量的方法。

1. 仪器连接

① 电源线与仪器尾部的插槽连接，并插入三角插座。

② 测试夹子和仪器面板的红、黑色接口相对应连接：红色为"+"，黑色为"−"，测试时红色夹子连接电池正极，黑色夹子连接电池负极（注意：测试时切勿正、负极接反）。

2. 仪器操作使用

① 打开仪器尾部电源开关开机。在"开机界面"按"确定"键进入"主菜单界面"。

② 电压内阻测试。

a. 通过"▲""▼"键移动光标，至"2.电压内阻测试"，按"确定"键进入。

b. 通过"▲""▼"键移动光标，直接用数字按键设置电压及内阻的上限、下限值，设置好后按"确定"键。

c. 红色夹子接触电池正极，黑色夹子接触电池负极（注：测试时尽量完全接触充分），仪器将显示出测试结果数值。

③ 测试电阻设定。测试设备可能本身存在一定的阻值，为了减少设备本身对测试结果的影响，可以在这里设定。仪器内部程序会自动处理，抵消掉仪器的电阻值，从而使测试尽可

能精准（如果是直接使用所配套的测试夹子进行测试，则可忽略此步骤）。

a. 参照电压内阻测试的测试方法，测试出仪器的具体电阻值：如测试出电阻值是 8mΩ。

b. 通过"▲""▼"键移动光标，至"电阻设定"，按"确定"键进入，通过"▲""▼"键移动光标调节数值；如测试出的是 8mΩ，则可以在此调到"8"。

④ 恢复厂家设置。如需将各个参数恢复到厂家默认值，可选择"恢复厂家设置"。通过"▲""▼"键移动光标，至"恢复厂家设置"，按"确定"键进入。

⑤ 电池容量测试。电池上都标有"×××mA·h"，例如，某一块电池上标有额定容量（标称容量）1000 mA·h，即表示以 1000mA（1C）放电时，理想状态下时间可持续 1h；如以 200 mA（0.2C）放电，可持续 5 h。测试方法如下。

a. 主菜单界面光标移动至"容量测试界面"，按"确定"键选择。

b. 通过"▲""▼"键移动光标，直接用数字键盘输入数字，依次设置"充电电流大小""充电时间""放电电流大小""充电截止电压""放电截止电压"。

c. 设置好后按"确定"键，进入"充电界面"，界面显示"充电电流""时间""电池电压"。

d. 随着充电的进行，此时电池电压数值跳动升高。当电池充满电后，仪器"滴"地响一下，自动跳至界面"充电完成，延时中……"，此时延时为 30 min，30 min 后仪器会自动跳转至放电界面，如不想等待可直接按"取消"键。

e. 进入最后的"容量（放电）测试界面"。屏幕显示电流为之前设置的放电电流大小×××mA，电池电压×××V。随着放电量逐步减小，放电时间逐步增加，容量×××mA·h 逐步递增，直至最后放电停止，仪器"滴"地响一下，跳转至"容量测试完成"界面。此时屏幕静态显示的容量即为所测电池／电芯的实际容量（电量）大小。

3. 注意事项

① 设备在测试中，设备外壳必须搭铁，以确保安全正常工作。所以请使用三角插座及配套的三角插头电源线，并确保插座所连接线路已接地。

② 设备在通电中，不得强行拆拔任何器件，否则可能会导致设备损坏。

③ 充电电流、充电时间、放电电流、充/放电终止电压等参数在设置时请严格按照电池规格及电池特性来设置，避免设置参数不合理而损害所测电池的性能。

④ 切勿设置过大的充电电流、过长时间、过高电压给电池进行充电。

⑤ 切勿设置过大的放电电流、过低电压对电池进行放电。

⑥ 测试时请勿正、负极接反。

一般电池充/放电性能检测仪器可通过液晶屏幕显示及键盘直接操作，也可通过连接计算机，直接由计算机软件设置、操作。测试过程可以由计算机软件实时记录（记录频率可设），并自动生成电压-时间（V-T）、电流-时间（A-T）、电压-容量（V-C）曲线图。各曲线图可导出保存或直接打印，已保存的曲线可调回软件。测试完毕后系统自动生成最终测试结果报告以供保存和打印。

三、动力电池的安装与连接

由于不同类型的纯电动汽车结构存在差异，其动力电池的安装与连接方式也有所不同。维修人员必须查阅相关车辆的维护指导手册，按要求进行操作。动力电池的基本安装与连接方法如下。

1. 检查与组装

① 观察电池箱外观是否有破损等异常情况。

② 观察电池箱的正、负极与标识是否一致。

③ 检测电池箱的绝缘电阻及高压导线绝缘电阻。当绝缘电阻表的挡位选择为 AC1000V 时，测试的箱体绝缘电阻值应大于 50 MΩ。

④ 用手持数据采集器检查电池电压，静置时同一箱内各单体电池电压差应小于 300 mV。

⑤ 确定电池正常后，揭开电池箱正、负极的封条。

⑥ 根据电池组需要，连接（串、并联）单体电池为电池组（见图 3-23），连接高压继电器、高压熔断器、电压传感器和温度传感器。

图 3-23　组装动力电池组

2．安装与调试

① 检测是否存在短路或断路等故障。

② 检测是否存在漏电现象。

③ 紧固安装螺栓，连接安装管路。

④ 连接电池组正、负极。

⑤ 连接电池管理器及控制线路。

3．安装后的检测与测试

① 电池装车后，首先用专用万用表检测电池组的电压是否符合要求，确定电压正常后才可以打开高压开关。

② 查看电动车仪表板显示屏的显示信息是否正常。如果存在电池故障提示信号，则需要立即切断电源，检查电池及电路以排除故障。

③ 通过检测信息码，查看电池箱数量、总电压以及电池温度（要卖气温判定）是否正确。

④ 对比车辆信息显示屏上的单体电池电压和实际测量电压值，如果电压差超过 30 mV，则需要更换、调试。

⑤ 单体电池电压、温度应该在车辆的均衡范围内。电源系统各参数均正常时方可起动车辆。

4．注意事项

① 按照电池箱的编号装配到车上对应的电池舱内，不得混装。

② 将电池箱推入电池舱时应顺畅，注意位置要对正，防止将电池箱挤压变形。

③ 为防止高压触电，安装人员不得徒手接触电池极柱。

④ 安装过程中，应断开电池组维修开关。

⑤ 要在无尘室内安装调试，以免因遇到雨雪天气，导致电池系统进水。

四、电源系统的维护

纯电动汽车电源系统的维护包括常规维护、重点维护、储存维护等。维护人员在进行操作时必须戴好绝缘手套等防护用品，使用前必须熟悉动力电源系统的结构、工作原理和使用说明书。

1. 准备工作与注意事项

（1）维护准备

① 专用工具/仪器的准备。在车辆检修和电源系统维护过程中，需要准备好以下专用工具/仪器。

a. 检修仪器。有些电动车配备有专门的检修仪器。

b. 常用仪表。如绝缘测试仪等。

c. 专用工具。如螺钉旋具、扳手等，这些常用工具必须有绝缘措施。

d. 常用物料。如绝缘胶带、扎带等。

e. 可能的专用设备。如充电器等。

② 个人防护。纯电动汽车具有高压电路，在检修前必须做好以下个人防护措施。

a. 佩戴绝缘手套。

b. 穿绝缘鞋、绝缘工作服等。

c. 手腕、身上不能佩戴金属物件。如金属手链、戒指、手表、项链等物品。

（2）检修注意事项

电动汽车系统使用高压电路，不正确的操作可能导致电击或漏电。所以，在检修过程中（如安装、拆卸、检查、更换零件等），必须注意下列事项。

① 检修前必须熟悉车辆说明书和电源系统说明书。

② 对高压系统操作时应断开电源。断开电源时需注意，通常断开高压或辅助电源，系统内的故障码有可能会被清除，所以需首先检查、读取故障码后再断开电源。

③ 断开电源后放置车辆 5 min。对车辆系统内的高压电容器进行放电。

④ 佩戴绝缘手套，并确保绝缘手套没有破损。不要戴湿手套。

⑤ 高压电路的线束和连接器通常为橙色，高压零部件通常贴有"高压"警示，操作这些线束和部件时需要特别注意。

⑥ 对高压系统进行操作时，在旁边放置"高压工作，请勿靠近"的警告牌。

⑦ 不要携带任何类似卡尺或测量卷尺等金属物件，因为这些物件可能掉落从而引起短路。

⑧ 拆下任何高压配线后，立刻用绝缘胶带将其包裹绝缘。

⑨ 一定要按规定转矩将高压螺钉端子拧紧。转矩不足或过量都会导致故障。

⑩ 完成对高压系统的操作后，应再次确认在工作平台周围没有遗留任何零件或工具，以及确认高压端子已拧紧和连接器已连接。

2. 电源系统的常规维护

常规维护是对影响电源使用过程中的安全隐患进行检查和排除，避免发生事故。通过制订常规的预防性维护计划，可以更好地了解所使用电池的健康状况和寿命，确定电池的更换或重点维护计划。常规维护一般每月进行一次。

（1）维护程序

① 动力电源系统在使用 1～2 个月后，维护人员需要对动力电源系统的外观和绝缘性能进行维护。

② 动力电源系统在使用 3 个月后，有条件的话，对动力电源系统进行一次充/放电维护。在进行充/放电维护时，应注意以下事项。

a．维护人员在进行操作时必须戴好绝缘手套等防护用品，使用前必须熟悉动力电源产品的结构、工作原理和使用说明书。

b．在进行充/放电维护时，将动力电源系统按正常工作要求连接到位，接通管理系统的电源，监测电池的状态，根据监测的数据判定电池所处的环境温度、电池温度及电池电压等状态是否正常。

c．操作者应先检查电源系统各部分的情况，在确保各部分正常的情况下才能进行充/放电维护。

d．维护均应在温度为 15～30℃，相对湿度为 45%～75%，大气压为 86～106 kPa 的环境中进行。

e．在充/放电维护过程中，检查管理系统的功能是否运转正常。

f．在充/放电维护过程中，检查风扇是否在规定的温度下开启和关闭，是否运转正常。

g．在充/放电维护结束后，检测蓄电池包的绝缘电阻，测得的绝缘电阻应满足指标要求。用电压表分别测试蓄电池包的正极端子、负极端子与蓄电池包的最大电压，同时测得的电压值应不超过上限要求。

h．维护后，如果动力电源系统的功能都正常，再进行使用；如果有异常情况和故障出现，应立即排除，无法排除的故障应及时与厂家联系。

（2）维护内容

① 检查动力电源系统的状态。

② 检查管理系统的功能是否正常。

③ 对电池进行充/放电维护。

（3）维护方法

① 外观维护。对电源系统的外观做如下检查，如有问题应及时排除，无法排除的应及时与厂家联系。

a．检查电池包箱体是否完好，有无损坏或腐蚀。

b．检查各紧固件螺栓、螺母是否松动。

c．检查电池包之间的连接线是否松动。

d．检查插头是否完好，各种线束有无损坏擦伤、有无金属部分外露。

e．检查电池包的冷却通道是否异常。

② 绝缘检测。断开电池组与整车的高压连接，用数字电压表测量各个电池包的总正、总负端子对车体的电压，是否小于上限值。如发现电压偏高，应测量电池包箱体与车体是否绝缘，如有问题，应由专业人员进行维修。通常可以根据系统总正、总负端子对车体的电压大致确认多个电池包组成的电源系统中哪一个对车体绝缘出现问题；通过测量电池包的总正、总负端子对电池包外壳的电压可以大致确定电池包内绝缘故障的电池模块。例如，由 60 只镍氢电池组成的电池包，正常电压为 75 V（60 只电池电压总和），若总正端子对电池包壳体的电压为 28 V，则大致可以判断是从总正数第 22 至 23 只电池（单体）之间出现了漏电（75/60=1.25，28/1.25=22.4），拆包进行检查，检查漏电点并消除。若同一个电池包出现多个漏电点，则电池包内可能会出现部分电池放电严重（内部形成短路），可以按照上面的方法逐个进行消除。

如果绝缘性能检测正常，再进行充/放电维护。

③ 电池管理系统维护。

a. 接通电池管理系统，采集并记录开路状态下电池组的总电压、各个电池模块的电压以及各个电池模块的温度。

b. 按厂家推荐的充/放电制度对系统进行充/放电测试。

c. 在充/放电过程中检查电池管理系统显示的电流、电压、温度和 SOC 是否正确；车辆正常运行过程中，检查管理系统数据显示是否正常。如有故障应进行故障排除（通常由汽车授权服务店来完成）。

d. 接通辅助电源，运行车辆直至冷却系统工作，观察冷却通道是否通畅。

e. 检查管理系统与各部分连接是否有松动。

> **注意**
>
> 在气温较高的情况下，在充/放电过程中应打开车内空调，并开启电池包冷却风扇通风。充电过程中应注意监测各电池模块的电压和温度，如温度超过温度上限，应停止充电。

④ 冷却系统维护。检测进出风通道是否顺畅，风机是否能正常工作。清除防尘网上的灰尘及杂物，或更换防尘网。

（4）注意事项

① 动力电源系统在使用时，必须正确识别其正、负极，不得接反，不得短接；动力电源系统充电应按照指定的充电条件进行。

② 建议在 0～30℃环境温度下进行充电。

③ 动力电源系统在使用时，应严格控制放电终止电压不低于放电最低电压，否则会引起电池性能和循环寿命下降等。

④ 动力电源系统的连接均应牢固可靠，动力电池应避免在倒置状态下工作。

⑤ 避免对动力电池长时间过度充电。

⑥ 环境温度过高或过低均会对动力电源系统的充电效率、放电容量、电压的稳定及使用寿命等有不良影响。

⑦ 动力电源系统在使用中发生异常情况，应立即断开电源，并及时与厂家联系进行维修。

⑧ 严禁用金属或导线同时接触动力电源系统的正、负极，以免造成短路。充足电的动力电源系统要防止短路，否则会严重损坏电池，甚至产生危险。在运输和使用时，不要损坏或拆卸电池组，以免电池组短路。

⑨ 动力电源系统应储存在干燥通风、温度不高于 35℃的环境中，请勿接近火源，并避免和酸性或其他腐蚀性气体接触。

⑩ 动力电源系统在充/放电过程中，如果出现异味、异常声响，请立即停止充/放电。

3. 电源系统的重点维护

重点维护是对电源系统进行较详细的测试及检查，目的是保证电源系统满足继续使用的要求，消除系统存在的安全隐患，延长电源系统的使用寿命。重点维护一般 6～8 个月进行一次。重点维护前先按常规维护进行检查。

（1）拆卸

将电池包从车上拆卸下来。若电池包在车上安装位置合适，利于开包检查和维护，可不进行拆卸。

（2）开包

① 观察电池包外观，看是否有燃烧、漏液、撞击等痕迹。

② 拧下电池包上盖的固定螺钉，将电池包上盖取下，打开电池包。

> **注意**
>
> 打开电池包时不要使电池包上盖与电池接触，也不要损伤电池包。

（3）电池包内部状况的检查及处理

① 绝缘检测。用数字电压表测量各个电池包的总正、总负端子对车体的电压，是否小于规定数值。如发现电压偏高，应查找漏电点，更换绝缘部件或采取补救措施，消除安全隐患。

② 检查电池包底盘和支架是否有电解液泄漏、积水等异常情况，如果存在这些异常，需更换电池，同时清理电池包安装部位，确保电池包与底盘的绝缘。

③ 观察电池外观整洁程度，是否有漏液、腐蚀等现象。同时使用毛刷、干抹布清洁电池表面及零部件。

④ 检查电池之间的连接是否有松动、锈蚀等现象，如果存在这些现象，需清理或更换电池。

⑤ 检查系统输出端子的连接、电池管理系统各连接插件是否牢固，如发现有松动应紧固。

⑥ 清理防尘网上的灰尘或杂物。对于采用外进风的冷却系统，电源系统经较长时间使用的电池包，其内部可能会积存大量灰尘或杂物，必须进行清理，清理后再次进行绝缘检测。

⑦ 检查各电池外观是否有损坏、漏液、严重变形等现象，对这些电池进行标记，并进行更换。

⑧ 检测每只电池电压，对电压异常的电池进行维护或更换。

⑨ 数据采集系统的检查。

a．检查各连线是否连接牢固。

b．检查各焊点是否有松动、脱焊现象，否则进行补焊。

> **注意**
>
> 本部分工作因与电池直接接触，操作过程中注意避免发生触电事故，不要使电池发生短路。
>
> 电池包的开包检查与更换必须由专业人员进行。

4．电源系统的储存维护

储存维护是对长期储存（时间超过 3 个月）的电源系统进行测试及检查，目的是避免电池因长期不使用引起的性能衰降，同时消除电池组存在的安全隐患。

（1）环境要求

环境温度范围：15～30℃。

环境相对湿度范围：最大为 80%。

（2）维护方法

有条件的话对电源系统进行一次全充全放，以使电池性能得到活化。在没有放电设备的条件下，通常进行充电维护，按照常规充电方法或厂家推荐的充电方法将电源系统充满电，对于经历长期储存的电池，首次充电必须采用较小电流进行。其主要目的是：①各类电池均不适宜在较低电压下进行储存，定期补充电将提高电池的储存性能；②通过充电调整电池的电压一致性。

对于铅酸蓄电池，储存时荷电状态一般保持在满充电状态；对于镍氢电池，一般保持在20%～60%的荷电状态；对于锂系列电池，荷电状态保持在40%～80%为宜。

学习任务3-2　充电系统检修

任务引入

车载动力电池需要不断地补充充电。不同的汽车生产厂商所生产的纯电动汽车往往需要采用某一特定的充电方法或者配备专用的充电设备。动力电池有多种充电方法和充电设备，对于电动汽车的使用及维修人员，应该充分了解各类型充电方法的原理及充电设备的特点，以便合理使用电动汽车或进行正确的故障检修。

本任务主要讲解动力电池的充电方法及充电基础设施的种类、特点。

学习目标

1. 能够正确描述动力电池充电应该完成的功能。
2. 能够正确描述常规充电的3种方法的特点。
3. 能够正确描述常用的快速充电方法种类及各类型充电方法的特点。
4. 能够正确描述蓄电池成组充电的方法及各方法的特点。
5. 能够正确描述充电机的类型及各类型充电机的特点。
6. 能够正确描述充电站的组成及各组成部分的功能。
7. 能够注意培养劳动保护、安全与环保意识和团队协作意识。

相关知识学习

一、动力电池充电功能

电池充电通常应该实现以下3个功能。

① 尽快使电池恢复额定容量，即在恢复电池容量的前提下，充电时间越短越好。

② 消除电池在放电过程中引起的不良后果，修复由于深放电、极化等导致的电池性能破坏。

③ 对电池补充充电，克服电池自放电引起的不良影响。

二、纯电动汽车充电系统结构

广义的纯电动汽车的充电系统分为两大部分：一部分为车辆以外的充电装置，主要包括城市交流电网、固定充电桩；另一部分是纯电动汽车车辆（内部）充电系统。通常所说的纯电动汽车充电系统一般就是指车辆内部的充电系统，主要由动力电池组件、车载充电机、DC/DC转换器、高压控制盒、充电接口及线束等组成，如图3-24所示。

1. 充电桩

充电桩是安装在充电站、停车场、车库等固定位置并与交流电网相连，为电动汽车充电提供的充电装置。充电桩可分为交流充电桩和直流充电桩两种，如图3-25所示。

交流充电桩是安装在充电站、停车场、家庭车库等固定位置，与交流电网连接，为电动汽车车载充电机提供交流电源的供电装置，同时具备计量计费功能。

直流充电桩是安装于充电站等固定位置的专用电动汽车传动装置。直流充电桩不仅有提供充电电源的功能，还具有充电机功能，是一台直流充电机，可实时监视并控制被充电电池状态。直流充电机采用直流充电模式为电动汽车动力电池充电。充电机的直流输出端在充电操作时与电动汽车直接连接，直接对电动汽车充电，不需要通过车载充电机。直流充电机的功率较大，可以提供几十到几百千瓦的充电功率，为电动汽车进行快速充电，同时，可以对充电电量进行计量。

图 3-24　纯电动汽车充电系统结构

另外，有些纯电动汽车生产商为其生产的纯电动汽车配备了移动式地面充电机，也属于非车载充电机，图 3-26 所示为比亚迪纯电动汽车配套的非车载充电机。

（a）交流充电桩　　　（b）直流充电桩

图 3-25　充电桩

图 3-26　比亚迪纯电动汽车非车载充电机

2．车载充电机

车载充电机具有为纯电动汽车动力电池安全并自动充满电的功能，充电机依据电池管理系统提供的数据，能动态调节充电电流等参数，执行相应的动作，完成充电过程。

车载充电机安装于电动车辆上，通过插头和电缆与交流插座连接。车载充电机的优点是在蓄电池需要充电的任何时候，只要有可用的供电插座，就可以进行充电。其缺点是受车上安装空间和质量限制，功率小，只能提供小电流慢速充电，充电时间较长，图 3-27 所示为典型的车载充电机（充电器）外观。

3. 充电接口

世界各地区生产的纯电动汽车，由于执行的标准不统一，所以充电接口也各不相同。随着纯电动汽车的普及，各国家或地区都在着手标准的统一，如福特、通用、克莱斯勒、奥迪、宝马、奔驰、大众和保时捷于2012年发布了"联合充电系统"充电接口，即"CCS"标准充电接口，其外形如图3-28所示。联合充电系统可将现行所有充电接口统一起来，这样，用一种接口就能够完成单相交流充电、快速三相交流充电、家用直流充电和超速直流充电4种模式。

图3-27 典型车载充电机外观

图3-28 CCS标准接口

我国在2006年就发布了《电动汽车传导充电用插头、插座、车辆耦合器和车辆插孔通用要求》（GB/T 20234—2006）。该要求规定了两种充电接口：一种是将交流供电电网连接到车载充电机上进行充电的交流充电接口；另一种是利用非车载充电机（充电桩）对电动汽车进行直流充电的接口。按该标准生产的充电枪如图3-29所示。2015年发布了新标准《电动汽车传导充电用连接装置　第1部分：通用要求》（GB/T 20234.1—2015），对充电连接装置的结构及性能等方面提出了新的要求。

交流供电插头

交流车辆插头

（a）交流充电接口　　　　　　　（b）直流充电接口

图3-29　电动汽车充电枪（国家标准）

（1）交流充电接口

国家标准 GB/T 20234.1—2015 规定，我国交流充电接口为7对端子，如图3-30所示。

（2）直流充电接口

国家标准 GB/T 20234.1—2015 规定的直流充电接口为9对端子，如图3-31所示。

国家标准的直流充电接口各端子功能定义见表3-5。

（a）充电插头 （b）充电插座

图 3-30 交流充电接口（国家标准）

L—交流电（220 V、16 A/32 A）；N—中线（交流电 220 V、16 A/32 A）；CC—充电连接确认（电压 36 V，电流 2 A）；

CP—控制确认（电压 36 V，电流 2 A）；PE—保护接地；NC1—备用端子 1；NC2—备用端子 2

（a）充电插头 （b）充电插座

图 3-31 直流充电接口（国家标准）

DC+—直流电源（正）；DC-—直流电源（负）

表 3-5 国家标准直流充电接口各端子功能定义

端子编号/标识	额定电压和额定电流		功能定义
1/（DC+）	750V	125A/250A	直流电源（正），连接直流电源正极与电池正极
2/（DC-）	750V	125A/250A	直流电源（负），连接直流电源负极与电池负极
3/（⏚）	—		保护搭铁，连接供电设备地线和车辆底盘搭铁线
4/（S+）	36V	2A	充电通信 CAN_H，连接非车载充电机与电动汽车的通信线
5/（S-）	36V	2A	充电通信 CAN_L，连接非车载充电机与电动汽车的通信线
6/（CC1）	36V	2A	充电连接确认 1
7/（CC2）	36V	2A	充电连接确认 2
8/（A+）	36V	20A	低压辅助电源（正），非车载充电机为电动汽车提供低压辅助电源（正）
9/（A-）	36V	20A	低压辅助电源（负），非车载充电机为电动汽车提供低压辅助电源（负）

注：非车载充电机控制装置和车辆控制装置应有 CAN 总线终端电阻，建议为 120Ω。通信线宜采用屏蔽双绞线，非车载
充电机端屏蔽层搭铁。

已经商业化生产的电动车辆，为了满足这两种充电机的应用，通常在车辆上同时设置车载充电机器和快速充电接口。图 3-32 所示为比亚迪 e6 纯电动汽车充电接口外观图，图中左侧接口为快速充电接口，右侧的为慢充接口。图 3-33 为两个接口的端子布局。

图 3-32　比亚迪 e6 纯电动汽车充电接口

图 3-33　比亚迪 e6 纯电动汽车充电接口端子布局

三、纯电动汽车充电方式

按不同的分类标准，纯电动汽车的充电可分为多种方式。

1. 按充电快慢分类

按充电速度的快慢，纯电动汽车充电可分为慢充、快充和更换电池 3 种方式。

（1）慢充

慢充又称为常规充电法、传统充电法，只需将车载充电器的插头插到停车场或家中的电源插座上即可进行充电，因此充电过程一般由车主自己独立完成。其特点是直接从低压照明电路取电，充电功率较小，由 220 V/16 A 规格的标准电网电源供电，典型的充电时间为 8～10 h（SOC 达到 95% 以上）。

这种充电方式对电网没有特殊要求，只要能够满足照明要求的供电系统就能够使用。由于在家中充电通常是在晚上或者是在用电低谷期，有利于电能的有效利用，因此电力部门一般会给予电动汽车用户一些优惠，例如用电低谷期充电打折。

（2）快充

快充即以较高的充电电流，在短时间内使电池达到充满电状态的方法。快充机功率很大，一般都大于 30 kW，采用三相四线制 380 V 供电，其典型的充电时间是 10～30 min。这种充电方式对电池寿命有一定的影响，特别是普通蓄电池不能进行快充，因为在短时间内接受大量的电量会导致蓄电池过热。

（3）更换电池充电

更换电池充电方式也称为地面充电。地面充电就是当车辆进行补充充电时，将需要充电的电池从车辆上拆下，安装已充满电的电池，车辆即可离开继续运行，对拆卸下来的电池采用地面充电系统进行补充充电。

采取地面充电方式有利于电池维护，提高电池使用寿命和车辆使用效率，但对车辆及电池更换设备提出了更高的要求。

2. 按电力传输方式分类

按充电时电力传输方式的不同，纯电动汽车充电可分为有线式充电和无线式充电两种。

（1）有线式充电

有线式充电也称为传导式充电，采用这种方式充电，充电机的供电部分与受电部分有着机械式的连接。上述提及的慢充和快充两种充电方式均属于有线式充电。这种充电机结构相对简单，容易实现，也是目前电动汽车应用最普遍的充电方式。这种充电方式，操作人员不可避免地要接触强电，所以容易发生危险。

（2）无线式充电

无线式充电即车辆和充电设备之间没有充电线缆连接的充电方式。目前，无线式充电基本上采用电磁能量传递原理，以电磁感应耦合方式向电动汽车传输电能，供电部分和受电部分之间没有直接的机械连接，其充电原理如图3-34所示。两者的能量传递只是依靠电磁能量的转换。这种结构设计比较复杂，受电部分安装在电动汽车上，受到车辆安装空间的制约，功率受到一定的限制，但由于不需要充电人员直接接触高压部件，因此安全性高。

四、智能充电管理

智能充电管理即无须过多人工干预，由充电机充电管理系统和车载 BMS（电池管理系统）联合进行的智能充电管理模式。

智能充电系统采用多种充电模式，充电电流大，充电热量小，充电速度快，还原效率高，超时充电无过充电危险。其较一般的充电方式充电效率提高 50%～60%，针对锂电池、铁锂电池抗过充电能力差的缺点，实现动态均衡充电功能，避免不平衡趋势恶化，提高电池组的充电电压，并对电池进行活化充电，有效延长电池使用寿命。其还具有快速充电功能，充电 10～15 min 即可充至额定电量的 80% 以上。

充电策略的实现，需要电池系统与充电机间实现有效的数据传输和参数实时判断。电池管理系统完成了电池系统中参数的采集工作，在现有的智能充电系统中，通过实现与充电机的通信，保证充电安全性，实现充电过程的有效控制。其基本系统结构如图 3-35 所示。

图 3-34　无线式充电原理

图 3-35　充电管理系统基本结构

BMS 的作用是实现对电池状态的在线监测（电池的温度、单体电池电压、工作电池、电池和电池箱之间的绝缘情况）、SOC 估算、状态分析（SOC 是否过高、电池温度是否过高/

过低、单体电池电压是否超高/超低、电池升温是否过快、绝缘是否有故障、是否过电流、电池的一致性分析、电池组是否存在故障以及是否通信故障等），以便实施必要的热管理。充电机的主要任务是电源变换、输出电压和电流的闭环控制、必要的保护以及与 BMS 通信，实现对电池状态的全面了解和对输出电流的动态调节。当电池组需要充电的时候，除了充电机的输出总正和总负动力线需要与电池组相连以外，BMS 和充电机之间还增加了用于实现数据共享的通信线。

智能充电模式的特点是：通过在电池管理系统和充电机系统之间建立通信链路，实现了数据共享，使得在整个充电过程中，电池的电压、温度以及绝缘性能等安全性相关的参数都能参与电池的充电控制和管理，使得充电机能充分地了解电池的状态和信息，并据此改变充电电流，有效地防止了电池组中所有电池发生过充电和温度过高的情况，提高了串联成组电池充电的安全性。另外，该充电模式完善了 BMS 的管理和控制功能，提高了充电安全性和智能化水平，还简化了操作人员设置充电参数等烦琐的工作，使得充电机具有了更好的适应性。通过这一模式，充电机不需要区分电池的类型，只需要得到 BMS 提供的电流指令就能实现安全充电。

智能充电及管理系统能够实现电池的检测、维护，续驶里程估算，内阻检测估算，电能计费，联网监控，人机交互显示等功能。

（1）检测功能

智能电池单体检测、内阻检测技术，在线巡回检测每节单体电池状况，预测各节电池供电性能，及时发现劣化电池，立即报警，为电池组"精细"维护提供测量依据。

（2）防硫养护功能（针对铅酸蓄电池）

智能充电及管理系统可抑制硫化产生，降低硫化速度，可使电池组的容量恢复到标称容量的95%以上，达到长期在线对电池进行防硫养护和修复的作用。

（3）电量计费功能

智能充电及管理系统可实现充电站输入电量、充电主机输入电量，输出电能总体计量，用户充电消费已充电量、计费单价、消费金额等的存储、显示和统计。

（4）联网监控

通过全球定位系统（GPS）、控制器局域网络（CAN）总线装置、载波通信、监控中心对充电主机、终端、充电桩进行远程控制，实时记录充电、配电、电池维护等监控数据，异常现象声控报警，并通过通信口输出到监控系统。

（5）续驶里程估算

该系统可对电动汽车车载电池的电压、内阻进行检测及对电量容量进行估算，实时评估电量信息，同时估算续驶里程，避免车主遭遇电量用完的尴尬，更加方便车主的出行。

（6）抗磁干扰

双绞屏蔽网络通信线，置于金属管中；超强滤波电路设计，严格执行通信协议，多重正确条件校验设置，全面差错校正。

（7）人机交互

触控数字液晶屏显示，语音提示，友好人机界面，显示 RFID（射频识别）卡（选配）、IC（集成电路）卡卡号、计费单价、充电模式、充电电压、充电电流、已充电量、所剩余额、消费金额等，并打印单据。图3-36 为典型直流充电机显示界面，充电机的插卡端口和打印端口如图3-37 所示。

图 3-36 直流充电机显示界面

图 3-37 充电机的插卡端口和打印端口

五、充电站

充电站主要是指快速高效、经济安全地为各种电动车辆提供运行中所需电能的服务性基础设施。为提高车辆的使用率和便利性，除采用动力电池车载充电以外，还可采取电动汽车动力电池系统与辅助蓄电池更换的方案使电动汽车获得行驶必需的电能。

充电站的主要功能决定其总体布局。一般来说，一个功能完备的充电站由配电区、监控区、充电区、更换电池区和电池维护区 5 个基本部分组成，如图 3-38 所示。根据充电站的规模和服务功能差异，在功能区设置上存在一定的差异。例如，不需要对电池进行更换的充电站将不需设置更换区以及配备电池更换设备和大量电池的存储设备。

图 3-38 充电站总体结构

（1）配电区

配电区为充电站提供所需的电源，不仅给充电机提供电能，而且要满足照明、控制设备的需要。内部建有变配电设备、配电监控系统，相关的控制和补偿设备也需要加以考虑。配电区是整个充电站正常运行的基础，根据配电功率的需要，一般采用充电用负荷、监控和办公负荷分开供电的形式。

（2）充电区

充电区的功能是完成动力电池组电能的补给。充电区是整个充电站的核心部分，配备各种形式的充电机，建设充电平台以及充电站监控系统网络接口，满足多种形式的充电需求，提供方便、安全和快捷的全方位充电服务。

（3）更换电池区

更换电池区是车辆更换电池和电池调度的场所。需要配备电池更换设备，同时应建设电池存储区域用于存放备用动力电池组。

（4）电池维护区

电池维护区的功能是对所有的电池进行数量、质量和状态实时管理，进行电池重新配组、电池组均衡、电池组实际容量测试、电池故障的应急处理和日常维护等工作。

（5）监控区

监控区用于监控整个充电站运行情况，包括充电参数监控、烟雾监控、配电监控等，还可以扩展具备车辆运行参数监控、场站巡保监控等功能，并完成管理情况的报表打印等。各监控子系统可通过局域网和 TCP/IP 协议与中央监控室以及上一级的监控中心进行连接，实现数据汇总、统计、显示及监控功能。充电站监控系统构架如图 3-39 所示，一般采用分层并行结构。

图 3-39　充电站监控系统架构

视频监视系统对整个充电站的主要设备运转以及人员进行安全监视。

配电监控系统要通过现场总线实现配电站供电系统信息的交换和管理，除实现常规的二次设备继电保护、安全自动装置、测量仪表、操作控制等功能外，该系统还需要和监控系统实现通信，保证当充电系统出现故障时，配电系统能够采取适当的措施进行处理。

充电机监控系统完成充电过程监控。充电机数据以及电池数据通过通信传输到监控计算机，监控计算机完成数据分析以及报表打印等。监控计算机也可以通过通信对充电机的起停以及输出电流、电压实现控制。

烟雾监视系统主要监视充电平台上的电池状态，当电池发生冒烟、燃烧等危险情况时发出警报。该系统独立于电池管理系统，是电池安全措施的一部分。

任务实施

在技能学习工位准备好 3 个类型的纯电动汽车（只配备车载充电机的、不配备车载充电机的、既有车载充电机又可进行快速充电的）及其相关技术资料。

一、安全防护

1．劳动保护

① 穿好绝缘工作服。

② 穿好高压绝缘鞋。

③ 检查并佩戴绝缘手套。

2．车辆防护

① 打开主驾驶车门，铺设脚垫、转向盘套、座椅套。

② 打开发动机罩，固定支架，铺设翼子板布和格栅布。

二、纯电动汽车充电

以下仅以比亚迪 e6 纯电动汽车（以下简称比亚迪 e6）为例，说明充电操作方法及注意事项。

1．注意事项

① 选择在相对较安全的环境下充电（如避免有液体、火源等）。

② 不要修改或拆卸充电端口和充电设备，否则可能导致充电故障，引起火灾。

③ 充电前应确保车辆充电口和充电连接器端口内没有水或杂物，金属端子没有生锈或腐蚀。

④ 如果在充电时发现车里散发出一种异常气味或出现烟雾，应立即停止充电。

⑤ 不要接触充电端口或充电连接器内的金属端子。

⑥ 当有闪电时，不要给车辆充电或触摸车辆。

⑦ 充电结束后，不要用湿手或站在水里时去断开充电器，以免造成触电事故。

⑧ 车辆行驶前，应确保充电连接器从充电口断开。

⑨ 在车内使用任何医学设备，在使用之前均应与制造商确认其充电不会影响设备的正常工作。

⑩ 不要等到电池电量耗尽时才充电，建议在电量降至警戒红格时即进行充电。

⑪ 家用交流充电（选配），应使用专门的线路。

⑫ 注意以下事项，以防止对充电设备造成破坏。

a．不要在充电口盖打开的状态下关闭充电口舱门。

b．不要用力拉或扭转充电电缆。

c．不要使充电设备承受撞击。

d．不要在温度高于 50℃ 的环境下存放和使用充电设备。

e．不要把充电设备放在靠近加热器或其他热源的地方。

⑬ 如果电网断电不超过 24h，充电会自动重新起动，不用重新连接充电器。

⑭ 充电时，车内不应该有人。

⑮ 充电时，整车电源挡应处于"OFF"挡位。

⑯ 充电时，行李舱内的高压配电箱处于工作状态，此时会发出几次继电器闭合的"咔嚓"声，属于正常现象。

⑰ 动力电池充满电后，会自动停止充电。

⑱ 停止充电时，应先将充电柜或充电桩关闭，再断开充电器；家用交流充电时应先断开交流充电器，再断开插座端电源。

⑲ 起动车辆前应确保充电器已经断开，充电口盖和充电舱门已经关闭。

⑳ 当环境温度低于0℃时，充电时间要比正常时间长，充电能力较低，具体充电时间以仪表显示时间作为参考。

㉑ 如果车辆长时间不使用，为了延长动力电池的使用寿命，每3个月对车辆充/放电一次。

㉒ 为了方便使用，仪表上会提示预计充满电的时间。在不同温度、剩余电量、充电设施等情况下，充满电所用时间可能有一定偏差，属于正常现象。

㉓ 如果充电口舱门因天气等原因导致冻住，应使用热水或不高于100℃的加热装置将冰融化后再开启舱门。

2．充电说明

（1）充电方式

比亚迪e6有4种充电方式，即充电桩或壁挂式充电盒三相（单相）交流充电、家用单相交流充电（选装）、车辆之间相互充电（选装）和充电桩直流充电（选装）。

① 充电桩或壁挂式充电盒三相（单相）交流充电。该种充电方式需要配备符合当地电网的充电器，支持三相 208 V/380 V/400 V/415 V 交流或单相 110 V/220 V/240 V 交流，频率为50 Hz 或 60 Hz。

② 家用单相交流充电（选配）。该种充电方式需使用随车配备的充电连接装置（三芯转七芯），将车辆与家用标准220 V、50 Hz、10 A 单相两极带接地插座相连接，为车辆充电。

③ 车辆之间相互充电（选配）。比亚迪同种配置车辆之间可以利用该种充电方式相互充电。

④ 充电桩直流充电（选配）。该种充电方式利用直流充电桩对车辆充电。输入电压为200～350V DC。

（2）充电模式

比亚迪e6有即时充电和预约充电两种充电模式。

① 即时充电（一般直接充电）。连接交流/直流充电连接器，充电设备起动充电。

② 预约充电。在充电过程中，由客户设置充电时间后进行充电。

3．充电操作

（1）通过交流充电枪在公共充电桩或壁挂式充电盒上交流充电

① 使整车电源挡位处于"OFF"挡。

② 解锁门锁开关，打开充电口舱门。

③ 打开交流充电口盖，如图 3-40 所示。

④ 拔下充电桩或壁挂式充电盒上的充电枪。

⑤ 将充电枪插入车上充电口，如图 3-41 所示，仪表点亮充电连接指示灯。

图 3-40　打开交流充电口盖

图 3-41　插入充电枪

⑥ 充电桩或壁挂式充电盒设置（如刷卡）起动充电。

⑦ 停止充电。充电桩或壁挂式充电盒会自动结束充电或根据充电盒使用手册说明自行结束充电。

⑧ 断开车辆端充电连接器，整理好充电枪并妥善放置。

⑨ 关闭充电口盖和充电口舱门。

（2）家用交流充电（选配）

① 使整车电源挡位处于"OFF"挡。

② 解锁门锁开关，打开充电口舱门。

③ 打开交流充电口盖。

④ 先连接供电端三芯插头，控制盒点亮"Ready"指示灯，同时"Charger"指示灯闪烁。

⑤ 将充电枪插入车上充电口，仪表点亮充电连接指示灯，开始充电。

⑥ 充电结束，断开车辆端充电连接器，断开充电插头，整理好充电装置并妥善放置。

⑦ 关闭充电口盖和充电口舱门。

（3）车辆对车辆充电（选配）

① 将相关的两辆车停放在安全区域，打开紧急警告灯。

② 使放电车辆电源挡位处于"OFF"挡。

③ 使充电车辆电源挡位处于"OFF"挡，并使用驻车制动。

④ 放电车辆按下放电模式开关，选择"VTOV"放电模式。

⑤ 打开两辆车的充电口舱门和交流充电口盖。

⑥ 10min 内通过车辆对车辆放电连接装置将两车辆连接在一起，即起动充电。

⑦ 充电结束，对放电车辆设置结束"VTOV"放电模式，断开放电车辆端插头，断开充电车辆插头，整理好充电连接装置并妥善放置。

⑧ 分别关闭两辆车的充电口盖和充电口舱门。

（4）直流充电

① 使整车电源挡位处于"OFF"挡。

② 解锁门锁开关，打开充电口舱门。

③ 打开直流充电口盖，如图 3-42 所示。

图 3-42　打开直流充电口盖

④ 拔下充电桩或壁挂式充电盒上的充电枪。

⑤ 将充电枪插入车上充电口，仪表点亮充电连接指示灯。

⑥ 充电桩或壁挂式充电盒设置（如刷卡）起动充电。

⑦ 停止充电。充电桩或壁挂式充电盒会自动结束充电或根据充电盒使用手册说明自行结束充电。

⑧ 断开车辆端充电连接器，整理好充电枪并妥善放置。

⑨ 关闭充电口盖和充电口舱门。

学习任务3-3 驱动电机系统检修

任务引入

驱动电机的作用是将电源的电能转换为机械能，通过传动装置或直接驱动车轮和工作装置。

电动汽车电机调速控制装置是为电动汽车的变速和方向变换等设置的，其作用是控制电机的电压或电流，完成电机的驱动转矩和旋转方向的控制。

本任务主要讲解电动汽车驱动电机的结构原理及检修方法。

学习目标

1. 能够正确描述电动汽车的驱动电机与工业电机的区别。
2. 能够正确描述直流电机的结构原理、特点及在电动汽车上的应用。
3. 能够正确描述三相异步电机的结构原理、特点及在电动汽车上的应用。
4. 能够正确描述永磁电机的结构原理、特点及在电动汽车上的应用。
5. 能够正确描述开关磁阻电机的结构原理、特点及在电动汽车上的应用。
6. 能够正确描述轮毂电机的基本结构原理、特点。
7. 能够正确描述电机控制器的组成及各组成部分的功能。
8. 能够注意培养劳动保护、安全与环保意识和团队协作意识。

相关知识学习

一、概述

1. 电动汽车电机的运行模式

电动汽车的电机具有电动和发电两种运行模式。

（1）电动模式

在电动模式时，电机将电能转换成机械能。

① 逆变器从电池获取电功率，电池放电。

② 电机从逆变器获取电功率。

③ 电机输出机械能，电机转矩与转速同向，电机推动车辆行驶。

（2）发电模式

发电模式时，电机将机械能转换成电能。

① 车辆带动电机，电机转矩与转速反向，轴上输入机械能。

② 电机输出电能。

③ 逆变器输出直流电，电池充电。

2．电动汽车的驱动电机与工业电机的区别

用于电动汽车的驱动电机与常规的工业电机不同。电动汽车的驱动电机通常要求频繁地起动/停车、加速/减速，低速或爬坡时要求高转矩，高速行驶时要求低转矩，并要求变速范围大；而工业电机通常优化在额定的工作点。因此，电动汽车驱动电机比较独特，应单独归为一类，对它们在负载、技术性能和工作环境等方面有着特殊的要求。电动汽车驱动电机与工业电机的区别如下。

① 电动汽车驱动电机需要有 4～5 倍的过载，以满足短时加速或爬坡的要求；而工业电机只要求有 2 倍的过载就可以了。

② 电动汽车驱动电机的最高转速要求达到在公路上巡航时基本速度的 4～5 倍，而工业电机只需要达到恒功率时基本速度的 2 倍即可。

③ 电动汽车驱动电机需要根据车型和驾驶人的驾驶习惯设计，而工业电机只需根据典型的工作模式设计。

④ 电动汽车驱动电机要求有高的功率密度和好的效率图（在较宽的转速范围和转矩范围内都有较高的效率），从而能够降低车重，延长续驶里程；而工业电机通常对功率密度、效率和成本进行综合考虑，在额定工作点附近对效率进行优化。

⑤ 电动汽车驱动电机要求工作可控性高、稳态精度高、动态性能好；而工业电机只有某一种特定的性能要求。

⑥ 电动汽车驱动电机被装在机动车上，空间小，工作在高温、坏天气及频繁振动等恶劣环境下。而工业用电机通常在某一个固定位置工作。

3．电动汽车驱动电机的种类

电动汽车由电机驱动，电机是电动汽车的关键部件。要使电动汽车具有良好的使用性能，驱动电机应具有较宽的调速范围及较高的转速、足够大的起动转矩，还要具有体积小、质量轻、效率高、动态制动性强和能量回馈的性能。目前在电动汽车上已应用的电机有直流电机、感应电机、永磁电机和开关磁阻电机。还有不少研究机构正在研究超导电机在电动汽车上的应用。表 3-6 为现代电动汽车电机的性能比较。

表 3-6 　　　　　　　　　　电动汽车电机的性能比较

项目	直流电机	感应电机	永磁电机	开关磁阻电机
功率密度	低	中	高	较高
过载能力/%	200	300～500	300	300～500
峰值效率/%	85～89	94～95	95～97	90
负荷效率/%	80～87	90～92	90～93	78～86
功率因数/%	—	82～85	90～93	60～65
恒功率区	—	1：5	1：2.25	1：3
转速范围/（r/min）	4000～6000	12000～20000	4000～100000	>15000
可靠性	一般	好	优良	好
结构的坚固性	差	好	一般	优良
电机外形	大	中	小	小
电机质量	重	中	轻	轻
控制操作性能	最好	好	好	好
控制器成本	低	高	高	一般

4. 电机的主要性能参数

驱动电机的主要性能参数有额定功率、额定电压、额定电流、额定频率、额定转速、额定效率、额定功率因数、绝缘等级、比功率、过载能力、尺寸参数、质量参数、可靠性和成本等。

（1）额定功率

额定功率指电机在制造厂所规定的额定条件下运行时，其输出端的机械功率，单位一般为 kW。

（2）额定电压

额定电压指电机在额定条件下运行时，外加于定子绕组上的线电压，单位为 V。一般规定电机的工作电压不应高于或低于额定值的 5%。当工作电压高于额定值时，电机容易发热；当工作电压低于额定值时，会引起输出转矩减小，转速下降，电流增加，也会使绕组过热。

（3）额定电流

额定电流指电机在额定电压和额定输出功率时，定子绕组的线电流，单位为 A。

（4）额定频率

我国电力网的频率为 50 Hz，因此除部分外销产品外，国内用的电机额定频率均为 50 Hz。

（5）额定转速

额定转速指电机在额定电压、额定频率下，输出端有额定功率输出时，转子的转速，单位为 r/min。电动汽车所采用的感应电机的转速一般为 8000～12000r/min。

（6）额定效率

额定效率指电机在额定条件下运行时的效率，是额定输出功率与额定输入功率的比值。电机在其他工况运行时的最大效率为峰值效率，整体效率越高越好。电动汽车还需求在车辆减速和制动时实现能量回收，再生制动回收能量一般可达到总能量的 10%～15%。

（7）额定功率因数

对于交流电机，定子相电流比相电压滞后一个角 φ，$\cos\varphi$ 就是异步电机的功率因数。三相异步电机的功率因数较低，在额定负载时为 0.7～0.9，而在轻载和空载时更低。因此，必须正确选择电机的容量，防止出现"大马拉小车"的现象，并力求缩短空载时间。

（8）绝缘等级

绝缘等级是电机绕组绝缘能力达到的等级数。绝缘等级是按电机绕组所用的绝缘材料在使用时容许的极限温度来分级的。所谓极限温度，是指电机绝缘结构中最热点的最高容许温度，绝缘等级与极限温度的对应关系，见表 3-7。

表 3-7　　　　　　　　　　　　绝缘等级与极限温度的对应关系

绝缘等级	A	E	B	F	H
极限温度/℃	105	120	130	155	180

（9）比功率

比功率指单位质量电机输出的功率，单位是 kW/kg，比功率越大越好。

（10）过载能力

过载能力指电机在超过额定载荷（功率、转矩、电流等）条件下工作的能力。电动汽车电机应具有较大的起动转矩和较大的调速性能，可以使汽车具有良好的起动性和加速性，以获得所需要的起动、加速、行驶、减速、制动等的功率与转矩。

（11）其他指标

除了上面所述及的性能参数外，电机还要求可靠性好，耐湿和耐潮性好，运行噪声低，振动小，能够在较恶劣的环境下长时期工作，结构简单，适合大批量生产，使用维修方便，性价比高等。

二、驱动电机基本结构

1. 直流电机

直流电机是将直流电能转换为机械能的电机。因其良好的调速性能而在电力拖动中得到广泛应用。

（1）基本结构

直流电机主要由机座、轴承、转子、定子、端盖、风扇等组成，如图 3-43 所示。其构造简图如图 3-44 所示。其中静止部分叫作定子；转动部分叫作电枢或转子。

图 3-43　直流电机构造

1、5—轴承；2—转子；3—定子；4—端盖；
6—风扇；7—机座

图 3-44　直流电机的构造简图

1—励磁绕组；2—磁极；3—电枢铁心；4—磁轭；
5—电枢绕组；6—换向器；7—电刷；8—出线盒

① 定子。定子是由机座、主磁极、端盖和电刷装置组成。

a. 机座。机座是用来固定主磁极、电刷架和端盖等部件的基体，起支撑、保护作用，与主磁极铁心、磁轭、电枢铁心一起构成电机的磁路，磁通通过整个磁路的情形如图 3-45 中的虚线所示。机座是用铸铁、铸钢或钢板制成的。

b. 主磁极。主磁极的作用是产生气隙磁场。主磁极由主磁极铁心和励磁绕组两部分组成。铁心一般用 0.5～1.5 mm 厚的硅钢板冲片叠压铆紧而成，分为极身和极掌两部分，上面固定励磁绕组的部分称为极身，下面扩宽的部分称为极掌，极掌宽于极身，既可以调整气隙中磁场的分布，又便于固定励磁绕组。励磁绕组用绝缘铜线绕制而成，套在主磁极铁心上。整个主磁极用螺钉固定在机座上，如图 3-46 所示。

图 3-45　主磁极磁通

图 3-46　主磁极的结构示意图

1—固定主磁极的螺钉；2—主磁极铁心；3—励磁绕组

c. 电刷装置。电刷装置用来引入或引出直流电压和直流电流，它由刷握、电刷、压紧弹簧和铜丝辫等组成，如图 3-47 所示。电刷放在刷握内，用弹簧压紧，以使电刷与换向器之间有良好的滑动接触。电刷盒固定在刷杆上，刷杆装在圆环形的刷杆座上，相互之间必须绝缘。常常把若干个电刷盒装在同一个绝缘的刷杆上。在电路连接上，把同一个绝缘刷杆上的电刷盒并联起来，称为一组电刷。一般的直流电机中，电刷组的数目可以用刷杆数表示，刷杆数与电机的主磁极数相等。

各刷杆在换向器外表面上沿圆周方向均匀分布。正常运行时，刷杆相对于换向器表面有一个正确的位置，如果刷杆的位置放得不合理，将直接影响电机的性能。刷杆座装在端盖或轴承内盖上，圆周位置可以调整，调好以后加以固定。电刷装置实物如图 3-48 所示。

图 3-47　电刷装置的结构

1—压紧弹簧；2—铜丝辫；3—电刷；4—刷握

图 3-48　电刷装置实物

② 转子。直流电机的转子（电枢）主要由电枢铁心和电枢绕组、换向器、转轴等组成，其结构如图 3-49 所示。

a. 电枢铁心。电枢铁心的作用有两个：一个是作为主磁路的主要部分；另一个是嵌放电枢绕组。由于电枢铁心和主磁场之间的相对运动会在铁心中引起涡流损耗和磁滞损耗（这两部分损耗合在一起称为铁心损耗，简称"铁耗"），为了减少铁耗，

图 3-49　转子的结构

电枢铁心通常用 0.5 mm 厚的涂有绝缘漆的硅钢片的冲片叠压而成，并固定在转轴上。电枢铁心沿圆周有均匀分布的槽，里面可嵌入电枢绕组，如图 3-50 所示。

（a）冲压硅钢片　　　　　　　　（b）铁心总成

图 3-50　电枢铁心的结构

b．电枢绕组。电枢绕组由许多按一定规律排列和连接的线圈组成，它是直流电机的主要电路部分，是通电后通过感应产生电动势以实现电机能量转换的关键部件。

线圈由包有绝缘材料的圆形和矩形截面导线绕制而成，也被称为"元件"，每个元件有两个出线端。电枢线圈嵌放在电枢铁心的槽中，每个元件的两个出线端以一定规律与换向器的换向片相连，构成电枢绕组，如图 3-51 所示。

图 3-51　电枢绕组与换向器连接

c．换向器。换向器将电刷上所通过的直流电流转换为绕组内的交变电流。换向器安装在转轴上，与转轴过盈配合，主要由许多换向片组成，片与片之间用云母绝缘，换向片数与线圈数相等，如图 3-52 所示。

（a）换向片　　　　　　　　　　（b）换向器

图 3-52　换向器的结构

1—换向片；2—云母片；3—V 形套筒；4—V 形云母环；5—连接片

（2）分类

直流电机按励磁方式分为永磁、他励和自励 3 类，其中自励又分为并励、串励和复励 3 种。电动汽车上常用的有并励直流电机和串励直流电机。

① 并励直流电机。这种电机的励磁绕组同电枢绕组并联，如图 3-53 所示，其励磁绕组称为并励绕组。由于并励绕组承受着电枢两端的全部电压，其值较高，为了减小它的铜损失，并励绕组必须具有较大的电阻以减小励磁电流。因此，并励绕组的匝数较多，且用较细的导线绕成。

② 串励直流电机。这种电机的励磁绕组同电枢绕组串联，如图 3-54 所示，其励磁绕组称为串励绕组。为了减小其电压降及铜损失，串励绕组应具有较小的电阻。因此，它总是用截面积较大的导线绕成，而匝数较少。

（a）结构示意图　　　　（b）电路简图

图 3-53　并励直流电机的电气原理

（a）结构示意图　　　　　　　　　（b）电路简图

图 3-54　串励直流电机的电气原理

（3）特点

① 调速性能好。直流电机可以在重负载条件下，实现均匀、平滑的无级调速，而且调速范围较宽。

② 起动转矩大。可以均匀而经济地实现转速调节，因此，凡是在重负载下起动或要求均匀调速的机械，如电动汽车，都可用直流电机拖动。

③ 控制比较简单。一般由斩波器控制，它具有效率高、控制灵活、质量轻、体积小、响应快等优点。

④ 有易损件。由于存在电刷、换向器等易磨损器件，所以必须进行定期维护或更换。

（4）应用

并励直流电动机在早期电动汽车上应用较多，如五十铃 Eif/Resort、大发 Hijet Van、铃木奥拓等。

串励直流电机是早期电动汽车上采用的电机，低速时转矩较大，高速时励磁变弱，电机仅采用电枢控制就可以进行转矩控制，十分简单。由于这种电机的转矩特性与采用发动机的车辆的传动输出特性类似，故可得到近似等同的驾驶舒适性。但是由于其转速范围太小，因此必须具备传动装置。如斯巴鲁 Samber EV Classic 电动汽车即采用额定功率为 25 kW 的恒转矩串励直流电机作为驱动电机。

2. 三相异步电机

三相异步电机也称为三相感应电机，是靠同时接入 380 V 三相交流电流（相位差 120°）

供电的一类电机。

（1）结构

三相异步电机的种类虽然很多，但各类三相异步电机的基本结构是相同的，它们都由定子和转子这两大基本部分组成，在定子和转子之间具有一定的气隙。此外，还有端盖、转轴、风扇、风扇罩、接线盒、吊环等其他附件，如图 3-55 所示。

图 3-55 三相异步电机的结构

1—端盖；2—接线盒；3—定子绕组；4—定子铁心；5—转轴；6—转子；7—风扇罩；8—机座；9—风扇；10—吊环

① 定子。定子是用来产生旋转磁场的，三相异步电机的定子由外壳、定子铁心、定子绕组等部分组成。

a. 外壳。外壳是三相异步电机机械结构的重要组成部分，它由端盖、轴承、接线盒和吊环等组成。通常，外壳的外表都铸有散热片，以扩大散热面积，有利于电机散热，从而降低绝缘等级和制造成本。轴承盖是由铸铁或铸钢浇铸成型的，它的作用是不让转子有过大的轴向移动，另外，它还起存储润滑脂和保护轴承的作用，防止微尘或脏物进入轴承而加速轴承的磨损，从而延长电机的使用寿命。接线盒一般是用铸铁浇铸而成，其作用是保护和固定绕组的引出线端。吊环一般是用铸钢制造，安装在机座的上端，用来起吊、搬运电机。

b. 定子铁心。三相异步电机的定子铁心是电机磁路的一部分，由 0.35～0.5 mm 厚的表面涂有绝缘漆的硅钢片叠压而成，如图 3-56 所示。由于硅钢片较薄而且片与片之间是绝缘的，所以减少了由于交变磁通通过而引起的铁心涡流损耗。铁心内圆有均匀分布的槽口，用来嵌放定子绕组。

（a）铁心总成　　　　　（b）冲片　　　　　（c）实物

图 3-56 定子铁心与冲片

c. 定子绕组。定子绕组是三相异步电机的电路部分，三相异步电机有三相绕组，通入三相对称交流电流时，就会产生旋转磁场。

三相绕组由 3 个彼此独立的绕组组成，且每个绕组又由若干个线圈连接而成。每个绕组称为一相，3 个绕组在空间互相间隔 120°。线圈由绝缘铜导线或绝缘铝导线绕制而成。中小型三相异步电机多采用圆漆包线，大中型三相异步电机的定子线圈则用较大截面的绝缘扁铜线或扁铝线绕制后，再按一定规律嵌入定子铁心线槽内。

定子三相绕组有星形（也称 Y 形）和三角形两种连接方式，如图 3-57 所示。

（a）星形接法　　　　　　　　　（b）三角形接法

图 3-57　定子绕组连接方式

定子三相绕组的 6 个出线端都引至接线盒上，首端分别标为 U_1、V_1、W_1，末端分别标为 U_2、V_2、W_2。这 6 个出线端在接线盒里的排列如图 3-58 所示。

（a）星形连接的绕组　　　　　　　（b）三角形连接的绕组

图 3-58　定子绕组接线图

② 转子。三相异步电机的转子分为绕线式与笼式两种，对应的电机分别称为绕线异步电机与笼式异步电机（旧称鼠笼电机）。

a. 绕线异步电机转子。绕线异步电机转子用 0.5 mm 厚的硅钢片叠压而成，套在转轴上，其作用是一方面作为电机磁路的一部分，另一方面用来安放转子绕组。绕线异步电机转子与定子绕组一样，也是有一个三相绕组，一般接成星形，三相引出线分别接到转轴上的 3 个与转轴绝缘的集电环上，通过电刷装置与外电路相连，这就有可能在转子电路中串接电阻以改善电机的运行性能，如图 3-59 所示。

b. 笼式异步电机转子。在转子铁心的每一

图 3-59　线绕式转子与外接变阻器相连

1—集电环；2—电刷；3—变阻器

个槽中插入一根铜条（称为导条），在铜条两端各用一个铜环（称为端环）把铜条连接起来，称为铜排转子，如图 3-60（a）所示；也可用浇铸的方法，把转子导条和端环风扇叶片用铝液一次浇铸而成，称为铸铝转子，如图 3-60（b）所示。100 kW 以下的异步电机一般采用铸铝转子。

（a）铜排转子　　　　　　　　　（b）铸铝转子

图 3-60　笼式转子

1—端环；2—铜条

③ 其他部分。其他部分包括轴承、风扇等。风扇是用来通风冷却电机的。三相异步电机的定子与转子之间的气隙一般仅为 0.2～1.5 mm。气隙不能太大，气隙大时产生的气隙转矩小，会使电机运行时的功率因数降低；也不能太小，气隙太小时会引起装配困难，如果内有异物或转轴有径向窜动时容易卡堵，运行不可靠，高次谐波磁场增强，引起附加损耗以及起动性能变差。

（2）型号

三相异步电机型号（规格代号）主要由中心高、机座长度、电机极数、铁心长度代号等部分组成，如图 3-61 所示。

① 中心高是指由电机轴心到机座底角面的高度，如图 3-62 中的"H"。根据中心高可将电机分为大型、中型、小型和微型 4 种。中心高度在 45～71 mm 的属于微型电机；在 80～315 mm 的属于小型；在 355～630 mm 的属于中型；在 630 mm 以上属于大型。

② 机座长度指电机机座在电枢轴线方向的

图 3-61　三相异步电机型号

尺寸，如图 3-62 中的"L"。机座长度用大写英文字母表示。S 表示短；M 表示中等；L 表示长。有些电机型号中的这个字母会带有下角标，如 1、2 等，表示同系列中功率的差别，数字越大，表示功率越大。

③ 极数表示电机磁极数量。极数用阿拉伯数字表示，如 2 表示 2 个磁极。

④ 功率表示电机的额定功率。功率用阿拉伯数字表示，如 2.3 表示功率为 2.3 kW。

例如，电机型号：$Y100L_2$-4-3，各代号的含义为：Y 代表三相异步电机；数字 100 指的是电机中心高为 100 mm；L_2 是机座长度为短型，功率较大；数字 4 代表 4 个磁极；数字 3 表示电机额定功率为 3 kW。

图 3-62　三相异步电机尺寸参数示意图

（3）特点

① 优点。转子结构简单、坚固，容易做到高速和小型轻量化。可以得到比较高的效率，弱磁控制与最大效率控制的同时使用可以达到高效率化的目的。价格低，可靠性好。

② 缺点。由于励磁电流是必要的，因此会引起功率因数的恶化，特别是在低速区域因数、效率恶化较为严重。另外该种电机进行转矩控制难度较大。

（4）应用

作为汽车的驱动电机，小型轻量化很重要，而异步电机的这一优点已经得到认可，故其在许多电动汽车中均有应用。如日产 March EV、福特 ETX-1、丰田 TownAce EV 等电动汽车均应用了异步电机作为驱动电机。

3．永磁同步电机

永磁同步电机属于永磁电机的一种。永磁电机就是采用永磁材料来替代励磁电机的励磁绕组（或转子绕组）的电机。永磁电机分为永磁交流同步电机和永磁直流电机两种。

对于三相异步电机，若采用永磁体取代其笼式感应转子，则相应的电机就称为永磁同步电机（PMSM）。为了克服磁通量不变的缺点，又在其转子中嵌入了笼式电磁绕组，称为永磁复合式电动机，它的特点是既有永磁体又有笼式绕组。

（1）基本结构

永磁同步电机主要由转子、端盖及定子组成。永磁同步电机的定子结构与普通的感应电机的结构非常相似，转子结构与异步电机的最大不同是在转子上放有高质量的永磁体磁极，根据在转子上安放永磁体的位置的不同，永磁同步电机通常被分为表面式转子结构和内置式转子结构。

永磁体的放置方式对电机性能影响很大。表面式转子的永磁体位于转子铁心的外表面，这种转子结构简单，但产生的异步转矩很小，仅适合于起动要求不高的场合，很少应用。内置式转子永磁体位于笼式导条和转轴之间的铁心中，起动性能好，目前的绝大多数永磁同步电机都采用这种结构。永磁同步电机的结构如图 3-63 所示。

（2）特点

① 优点。永磁电机具有较高的功率/质量比，体积更小，质量更轻，比其他类型电机的输出转矩更大，其极限转速和制动性能也比较优异，因此永磁同步电机已成为现今电动汽车应用最多的电机。

图 3-63 永磁同步电机结构

② 缺点。永磁材料在受到振动、高温和过载电流作用时，其导磁性能可能会下降，或发生退磁现象，有可能降低永磁电机的性能。另外，稀土式永磁同步电动机要用到稀土材料，制造成本不太稳定。

（3）应用

永磁同步电机在目前多数电动汽车中应用比较广泛，例如宝马 i3、奔驰 smart EV 和三菱 i MiEV 等。

4．永磁无刷直流电机

如果将直流电机的直流励磁绕组用永久磁铁代替，该电机就称为永磁直流电机。为了克服磁通量不变的缺点，又在其永磁定子中嵌入了激励磁场的电磁绕组，称为永磁复合式电机，它的特点是既有永磁体又有励磁绕组。

永磁直流电机分永磁有刷直流电机和永磁无刷直流电机。永磁有刷直流电机广泛应用于小型电器之中。由于电刷和换向器的存在，因此永磁有刷直流电机在维修、制造等方面都比永磁无刷直流电机复杂，在应用中的换向火花、机械噪声等也使它难以在恶劣的环境下使用。而永磁无刷直流电机由于没有电刷，弥补了永磁直流电机和传统直流电机的缺陷。因此永磁无刷直流电机越来越多地被应用在伺服系统、数控机床、变频空调以及电动汽车中。

（1）基本结构

永磁无刷直流电机主要由电机本体（包括转子位置传感器）和电子开关驱动电路两部分组成，如图 3-64 所示。其中电子开关驱动电路包括电子换向电路（功率变换电路）和控制电路两部分。

① 电机本体。三相对称定子绕组固定在定子上，转子上的电枢绕组用稀土永磁材料（钐钴、钕铁硼）取代。对于高速永磁无刷直流电机，还需要加装非磁性护环，其结构如图 3-65 所示。

图 3-64 永磁无刷直流电机系统构成

永磁同步电机定子绕组的主要电气参数、绕组形式与绕线式三相同步电机的定子绕组一样，各线圈依次通电即产生旋转磁场，如图 3-66 所示。

（a）整体纵剖图 （b）转子横剖图

图 3-65 永磁无刷直流电机的结构图

1—转轴；2—前端盖；3—螺钉；4、10—轴承；5—定子组件；6—永磁体；7—传感器转子；

8—传感器定子；9—后端盖； 11—护环；12—转子轭

（a）结构示意图 （b）原理图

图 3-66 永磁同步电机定子的电气结构原理

永磁同步电机转子采用径向永久磁铁作磁极，如图 3-67 所示。在旋转磁场的作用下，转子将跟随旋转磁场同步旋转，旋转磁场的速度取决于电源频率。与三相交流电机的同步电机类似，永磁同步电机可以产生理想的恒转矩。

（a）外形图 （b）横向剖视图

图 3-67 永磁同步电机转子

根据永磁体在转子上安装位置的不同，永磁同步电机可分为表面式、内置式和镶嵌式等几种结构形式。表面式永磁同步电机的优点是结构简单，由于永磁体的磁导率接近空气的磁导率，所以表面式永磁同步电机有较大的有效气隙，电枢反应降低；内置式永磁同步电机有较高的磁显性，可产生额外的磁阻转矩分量，保持高速运行时的机械稳定性；镶嵌式永磁同步电机的永磁体可以有多种镶嵌方式，其性能介于表面式和内置式电机。

转子位置传感器在无刷直流电机中起着测定转子磁极位置的作用，为逻辑开关电路提供正确的换相信息，即将转子磁极的位置信号转换成电信号，然后去控制定子绕组换相。

② 电子开关驱动电路。如图 3-64 所示，永磁无刷直流电机的定子绕组是由电子开关驱动电路中的"外部换向器"（逆变器）接到直流电源上的，可以把它归为直流电机的一种。从逆变器的角度来看，永磁无刷直流电机电枢绕组中的电流变化是靠电子开关驱动电路来完成的，其频率与转速变化一致，所以它又属于永磁同步电机的一种。它和三相永磁同步电机的主要区别在于：无刷直流电机电枢绕组中流过的电流以方波形式变化，故又称"方波交流永磁电机"。

（2）特点

① 优点。

a．由于可以采用稀土磁铁等高性能永磁体，因此电机可以实现较大的功率因数和较高的效率，特别是在低速时明显。

b．能得到较高的磁通密度，可以制成小型高速电机。

c．容易多极化，可以制成轮毂式电机。

② 缺点。

a．在一定输出区域内，当励磁较弱时效率会降低。近年来随着嵌入式磁铁的采用，这个问题正慢慢得以解决。

b．磁铁材料价格较高，而且安装困难，永久磁铁在发热时容易产生减磁现象。

c．逆变器遭短路破坏会造成电机端子短路，产生很大的制动力。

（3）应用

永磁电机低速时高效率的优点对在市内频繁起停的汽车很有益。近年来根据这个观点的设计增多，特别是日本电动汽车中所使用的电机，大都向永磁电机阶段过渡。如丰田 RAV4LV EV、本田 EV PLUS 等。

5．开关磁阻电机

开关磁阻电机（SRM）是一种典型的机电一体化电机，又称"开关磁阻电机驱动系统（SRD）"，这种电机主要由开关磁阻电机本体、电力电子功率转换器（简称"功率转换器"）、转子位置传感器以及控制器 4 部分组成，如图 3-68 所示。

根据励磁方式，开关磁阻电机分为励磁式和永磁式两种。

（1）励磁式开关磁阻电机

① 电机本体。电机本体采用定、转子双凸极结构，单边励磁，即仅定子凸极采用集中绕组励磁，而转子凸极上既无绕组也无永磁体；定、转子均由硅钢片叠压而成；定子绕组径向相对的极串联，构成一相。其结构原理如图 3-69 所示。

图 3-68　开关磁阻电机的构成

图 3-69　开关磁阻电机的结构原理示意图

　　开关磁阻电机的定子与转子结构如图 3-70 所示。开关磁阻电机的定子与转子相数不同，有多种组合方式，最常见的有三相 6/4 极结构、三相 6/8 极结构和三相 12/8 极结构，如图 3-71 所示。

　　三相 6/4 极结构说明电机定子有 6 个凸极，转子有 4 个凸极，在定子相对称的两个凸极上的集中绕组互相串联，构成一相。转子上没有绕组，定子上有 6 个凸极的称为三相开关磁阻电机，定子上有 8 个凸极的称为四相开关磁阻电机。相数越多，步进角越小，运转越平稳，越有利于减小转矩波动，但控制越复杂，导致主开关器件增多和成本增加。

图 3-70　开关磁阻电机的转子与定子
1—转子凸极；2—定子凸极绕组；3—定子

(a) 三相 6/4 极　　　　　　(b) 三相 6/8 极　　　　　　(c) 三相 12/8 极

图 3-71　开关磁阻电机的几种组合方式

　　② 转子位置传感器。转子位置传感器用于检测转子磁极位置，有霍尔式、电磁式、光电式和磁敏式多种，常设在电机的非输出端，如图 3-72 所示。

　　③ 功率转换器。开关磁阻电机的功率转换器为开关磁阻电机的运行提供电能。

　　(2) 永磁式开关磁阻电机

　　在励磁式开关磁阻电机定子轭部对称地嵌入高性能的钕铁硼永磁体，永磁体磁场与各相绕组的磁场共同组成新型电机磁场，形成永磁式开关磁阻电机（PMSRM）。其基本结构、磁通曲线和

图 3-72　开关磁阻电机传感器的位置
1—传感器；2—齿盘

反电动势如图 3-73 所示。

（a）基本结构　　　　　（b）磁通曲线　　　　　（c）反电动势

图 3-73　开关磁阻电机的基本结构、磁通曲线和反电动势

永磁式开关磁阻电机也称为双凸极永磁电机，可采用圆柱形径向磁场结构、盘式轴向磁场结构和环形横向磁场结构。该电机在磁阻转矩的基础上叠加了永磁转矩，永磁转矩的存在有助于提高电机的功率密度和减小转矩脉动，以利于它在电动车辆驱动系统中的应用。它可以加速绕组换流速度，减小波动，提高能量利用率。

（3）开关磁阻电机的特点

① 优点。

a．系统的调速范围宽。可以在低速下运行，也可以在高速场合下运行（最高转速可达15000 r/min）。

b．结构简单，转子转动惯量小，成本低，动态响应快。

c．运行效率、可靠性等方面均优于感应电机和同步电机。

d．热量排放小，耐化学侵蚀能力强。可以在散热条件差、存在化学污染的环境下运行。

e．价格低，适宜大批量生产。

② 缺点。

a．磁能变化不大时效率恶化、噪声变大。

b．较其他类型的电机配套逆变器结构复杂。

（4）开关磁阻电机的应用

开关磁阻电机适合用于要求低价格化、低速小型的电动汽车中，目前由于缺点较多，在电动汽车中很少应用。但永磁开关磁阻电机被做成外转子电机后，被应用于电动汽车的轮毂驱动系统。

6．轮毂电机

电动汽车采用的轮毂式电机驱动属于分散式电机驱动模式。分散电机驱动通常有轮毂电机和轮边电机两种方式。所谓轮边电机驱动模式，是指每个驱动车轮由单独的电机驱动，但是电机不是集成在车轮内，而是通过传动装置（例如传动轴）连接到车轮。轮边电机驱动模式的驱动电机属于簧载质量范围，悬架系统隔振性能好。但是，安装在车身上的电机对整车布置的影响很大，尤其是在后轴驱动的情况下。而且，由于车身和车轮之间存在变形运动，其对传动轴的万向传动也具有一定的限制，因此目前分散电机驱动系统的发展方向是轮毂电机。

（1）结构形式

轮毂电机动力系统根据电机的转子形式分为内转子型和外转子型两种结构，如图 3-74 所示。通常，外转子型采用低速外转子电机，电机的最高转速为 1000～1500 r/min，无任何减速装置。电机的外转子与车轮的轮辋固定或者集成在一起，车轮的转速与电机相同。内转子

型则采用高速内转子电机,同时装备固定传动比的减速器。为了获得较高的功率密度,电机的转速通常高达 10000 r/min。减速机构通常采用传动比在 10∶1 左右的行星齿轮减速装置。

（a）内转子型　　　　　　　　（b）外转子型

图 3-74　轮毂电机动力系统的结构简图

1—轮胎；2—轮辐；3—车轮；4—轴承；5—行星齿轮；6—编码器；7—制动毂；8—电机绕组；9—永磁体（PM）

高速内转子轮毂电机的优点是比功率高、质量轻、体积小、效率高、噪声小、成本低；缺点是必须采用减速装置,效率降低,非簧载质量增大,电机的最高转速受线圈损耗、摩擦损耗以及变速机构的承受能力等因素的限制。低速外转子轮毂电机的优点是结构简单、轴向尺寸小、比功率高、能在很宽的速度范围内控制转矩、响应速度快、外转子直接和车轮相连、没有减速机构、效率高；缺点是如果要获得较大的转矩,必须增大电机的体积和质量,因而成本高,加速时效率低,噪声大。这两种结构在目前的电动汽车中都有应用,但是随着紧凑的行星齿轮变速机构的出现,高速内转子式驱动系统在功率密度方面比低速外转子式更具竞争力。

轮毂电机动力系统由于电机电制动容量较小,不能满足整车制动效能的要求,通常需要附加机械制动系统。轮毂电机系统中的制动器可以根据结构采用鼓式或者盘式制动器。电机电制动容量的存在往往可以使制动器的设计容量适当减小。大多数的轮毂电机系统采用风冷方式进行冷却,也有的采用水冷和油冷的方式对电机、制动器等的发热部件进行散热降温,但结构比较复杂。

（2）轮毂电机驱动模式的优点及应用

① 优点。

a. 可以完全省略传动装置,整体动力利用效率大大提高。

b. 轮毂电机使得整车总布置可以采用扁平化的底盘结构形式,车内空间和布置自由度得到极大的改善。

c. 车身上几乎没有大功率的运动部件,整车的振动、噪声得以降低,舒适度得到极大改善。

d. 便于实现四轮驱动,有利于改善整车的动力性能。

e. 轮毂电机作为执行元件,利用响应速度快和准确的优点便于实现包括线控驱动、线控制动以及线控整车动力学控制在内的整车动力学集成控制,提高整车的主动安全性。

② 应用。应用轮毂电机驱动的典型电动汽车是日本东京电力 IZA 和国自电力的 PIVOT。未来汽车发展方向为信息化、智能化和低碳化，四轮独立驱动（轮毂电机驱动）的电动汽车将是实现这一目标的最佳选择。

三、驱动电机在纯电动汽车上的应用情况

1. 驱动电机在我国纯电动汽车上的应用

新能源汽车的快速发展，带动车用驱动电机市场规模迅速增长，以上海电驱动、精进电动、上海大郡、南车时代电动汽车为代表的国内主要驱动电机企业，在电机制动工艺、原材料、关键零部件及系统集成技术等方面均有所突破，车用电机及其控制系统产业链基本形成。这些企业在乘用车驱动电机系统和商用车驱动电机系统方面均推出多款驱动电机产品和样机，功率范围在 42～200 kW。

2015 年，不同类型电机配套车型及占比见表 3-8。从表 3-8 中可以看出，永磁同步电机、交流异步电机、无刷直流电机配套占比分别为 69%、25%、6%。永磁同步电机为我国驱动电机的主流技术产品。

表 3-8　　　　　　　　　2015 年我国不同类型电机配套车型及占比

车辆类型	电机类型	装车规模/辆	占比/%	合计/辆，%
纯电动乘用车	永磁同步	68963	18.4	150528，40.2
	交流异步	59218	15.8	
	无刷直流	22347	6.0	
纯电动客车	永磁同步	79422	21.2	88248，23.6
	交流异步	8552	2.3	
	无刷直流	274	0.1	
纯电动专用车	永磁同步	26469	7.1	47778，12.8
	交流异步	19846	5.3	
	无刷直流	1463	0.4	
插电式混合动力乘用车	永磁同步	63775	17.0	63755，17.0
	交流异步	0	0	
	无刷直流	0	0	
插电式混合动力客车	永磁同步	17649	4.7	24048，6.4
	交流异步	6398	1.7	
	无刷直流	0	0	

2. 驱动电机在国外纯电动汽车上的应用

世界范围内的纯电动汽车，应用的主流电机为永磁同步电机，但也有应用交流异步电机的车型。表 3-9 列举了世界知名电动汽车应用的电机比较。

表 3-9　　　　　　　　　世界知名电动汽车应用的电机比较

车型	电机类型	电机最大功率/kW	续驶里程/km
宝马 i3	永磁同步	125	130～160
奔马 smart EV	永磁同步	55	140
特斯拉 Model S	交流异步	310	480
雪佛兰 VOLT	永磁同步	111	56
三菱 i MiEV	永磁同步	47	160

四、电机控制器

较好的汽车电机控制器通过把微电子器件和功率器件集成到同一芯片上，便成了功率集成电路（PIC），俗称"智能功率模块（IPM）"，其目的是进一步减小体积，降低成本并改善其可靠性。PIC 可以包含功率模块、控制、保护、信息传递和制冷等功能。

PIC 合成存在的主要问题是高电压和低电压器件的绝缘以及冷却问题。不过，在今后的发展中，这种技术是最有希望用于电动汽车驱动系统的，关键在于对器件的集成和包装。

目前国内电动汽车电机控制器多采用分立元件制作，功率集成电路形式的汽车电机控制器多掌握在国外的企业中，不过随着中国电动汽车市场的逐渐成熟，国内企业不久会掌握这项技术。

汽车电机控制器是由 DSP 电机控制板、IGBT 驱动电路板、IGBT（IPM）模块、控制电源和散热系统组成的，图 3-75 所示为典型的电机控制器内部结构图。

图 3-75　典型电机控制器内部结构

DSP 接受整车控制器的指令并反馈信息，检测电机系统内传感器信息，根据指令及传感器信息产生逆变器开关信号。

IGBT 用于接收 DSP 的开关信号并反馈相关信息，放大开关信号并驱动 IGBT，提供电压隔离和保护功能。

控制电源为 DSP 提供电源；为驱动电路提供多路相互隔离的电源。

散热系统为电力电子模块散热，为控制器组件安装提供支撑，为控制器提供环境保护。

任务实施

一、准备工作

在技能学习工位准备好多辆电动汽车（至少包括单电机驱动型、双轮边电机型和轮毂电机型 3 种，每种车型为一个工位）及其相关技术资料。工具箱和防护用品柜内需有足够的专用维修工具和各类防护用品。

1．劳动保护

① 穿好绝缘工作服。

② 穿好高压绝缘鞋。

③ 检查并佩戴绝缘手套。

2．车辆防护

① 打开主驾驶车门，铺设脚垫、转向盘套、座椅套。

② 打开发动机罩，固定支架，铺设翼子板布和格栅布。

二、操作流程

1．学生工作

① 在各自工位分组学习。

② 在充分学习本任务相关知识的基础上，通过查阅相关技术资料和观察纯电动汽车，完成相应的工作单（见本书配套教学资源）。

③ 5S 工作。

④ 自我评价。

2．指导教师工作

学生在进行上述操作过程中，指导教师进行下列工作。

① 向学生讲解安全注意事项，并要求学生在技能学习工作单中做记录。

② 观察、指导学生进行相关操作，及时制止可能发生危险的操作。

③ 实操结束后审阅学生完成的工作单，并结合其操作情况给出评价。

纯电动汽车其他技术应用

任务引入

　　纯电动汽车除在动力系统与燃料汽车有明显差别外，在其他功能系统方面也有其独特之处，如变速器驱动桥、动力转向系统、仪表、空调系统等。从事电动汽车维修的技术人员必须充分熟悉所维修车型各系统的结构特点，方可实施正确的检修与故障诊断。

　　本任务主要讲解电动汽车其他技术的应用。

学习目标

1. 能够正确描述纯电动汽车常用变速器的种类及其适用车型。
2. 能够正确描述纯电动汽车单、双向 DC/DC 转换器的功能及工作原理。
3. 能够正确描述纯电动汽车电动真空助力制动系统组成及工作原理。
4. 能够正确描述纯电动汽车再生制动系统的组成及工作原理。
5. 能够正确描述纯电动汽车空调的制冷和制热方式的种类及其原理。
6. 能够描述纯电动汽车新增仪表种类、功能、显示方式及控制原理。
7. 能够注意培养良好的劳动保护意识、安全与环保意识及团队协作意识。

相关知识学习

一、变速器

　　电机虽然拥有很宽的工作转速范围，但和发动机一样，电机也有最佳工作转速区间，高于或低于这一区间效率就会下降。一台 40 kW 电机在刚起动时效率仅有 60%～70%。随着速度提高，效率逐步提高，在 3300～6000 r/min 转速区间，效率能够达到 94% 以上。而在接近极限转速 100000 r/min 时，效率又降到 70% 左右。可以看出，合理利用变速器，使电机工作在最佳转速区，对于提高效率十分有意义。纯电动汽车若采用无级变速器会比只使用一挡变速器时的单位里程能耗降低 5%～7%，噪声也减小很多。

　　从目前电动汽车的发展情况来看，影响纯电动汽车进入市场的最大障碍是电池性能的局限性。尽管电池技术经历了从铅酸蓄电池到镍氢电池再到锂电池的一系列技术进步，但目前电池无论是能量密度，还是单位容量、价格，都达不到大规模商业化的要求。每个研发电动汽车的企业都在竭尽全力降低电池成本和增加车辆单次充电的续驶里程。

　　如果能够通过使用适合的变速器，并对标定加以优化使效率提高，就意味着在同样行驶里程时，电池用量更少，车辆自重更轻，行驶性能更高，车辆成本更低。

　　纯电动汽车上变速器只需要三挡、二挡或一挡，因此变速器在一定程度上被简化了，但纯电动汽车对传动系统的要求反而更高，变速器的优化设计有利于提升纯电动汽车的效率。

1. 一挡变速器

一挡式变速器多为两级减速比，即变速器只有一个传动比，主减速器有一个传动比，总传动比为两个传动比相乘。电机集成变速器如图 4-1 所示，多使用在低档小、中型面包车上。

图 4-1　电机集成变速器（后轮式）

差速器是传统车辆的标准组件，单桥单电机汽车也采用了这项技术。汽车转弯时，外侧车轮的转弯半径比内侧车轮的大，必须利用差速器来调整两侧车轮的转速，否则，车轮会产生滑移从而引起轮胎磨损加剧、转向困难、道路附着性能变差等。

由于电机的低速转矩大、工作转速范围宽的特点，倒挡可不设计，只需电机反转即可。

2. 一挡集成动力驱动系统

高档电动轿车多采用图 4-2 所示的电动驱动系统。把电机、减速器、差速器、功率控制器集成在一起，外部只有强电、弱电线束和冷却水管。若采用前后轴各一套这样的动力驱动系统则是很好的四轮驱动。

图 4-2　典型电动汽车集成电动驱动系统

3. 多挡变速器

纯电动客车相比传统燃油客车变速器发生了巨大变化，传统变速器逐渐被取代或者被弱化。例如，国内一些企业展出的纯电动客车，都是直接使用电机控制变速。它们通过电子转矩控制技术直接控制车轮转速，实现对车辆速度的控制。

在电动客车上配装变速器，主要是为了解决电机驱动力不足的问题。设置变速器可以改变传输给驱动车轮的转矩，提升整车动力。纯电动客车配装的变速器相比燃油车型上的变速器有所变化，突出的特点是变速器挡数由传统五挡、六挡简化成二挡、三挡。一汽客车 CA6120VRBEV21 车型采用的就是一汽开发的二挡自动变速器。苏州金龙海格 KLQ6129 GHEV 车型配装的是三挡机械自动变速器。

4. 多挡无同步器电控自动变速器

对于电动客车，在减小成本的同时又要考虑无离合器的自动换挡，因此电控的无同步器自动换挡变速器成为首选。无同步器自动换挡动力总成如图 4-3 所示。

换挡动力缸　拨叉轴位置传感器　　　　　变频调速三相电机

图 4-3　无同步器自动换挡动力总成

电控自动变速器 ECU 接收变速器输出轴转速传感器信号，同时也接收电机转速信号。在换挡前，先调节电机转速与从动齿轮转速相同，当电机降速/升速至与要换挡的从动齿轮同步时，可采用电控气动、液动或电动 3 种装置之一推动拨叉，拨叉推接合套直接挂入相应齿轮。

二、功率转换器

功率转换器可分为斩波器（DC/DC）、逆变器（DC/AC）和整流器（AC/DC）3 类。斩波器是将电流作直流/直流转换；逆变器是将电流作直流/交流转换；整流器是将电流作交流/直流转换。图 4-4 所示为上述 3 种功率转换器在电动汽车上的应用实例。

一般纯电动汽车动力电源系统的输出特性偏软，难以直接与电机驱动器匹配。在电源系统加负载的起始阶段，输出电压下降较快，即随着负载的增加，电流增大，电压下降，下降的斜率会出现一个特定的曲线，这种特性使电源系统的输出功率波动进而导致车辆整体效能下降。

在电池系统与汽车驱动系统之间加入功率转换器，使电池系统和功率转换器共同组成电源系统对驱动系统供电，从而增强驱动系统的稳定性。因此，采用的功率转换器对纯电动汽车电源系统也具有重要的意义。

1. DC/DC 转换器（直流斩波器）

DC/DC 转换器（简称 DC/DC）是指将一个固定的直流电压转换为可变的直流电压，也称为直流斩波器。DC/DC 不仅能起调压的作用（开关电源），同时还能有效地抑制电网侧谐波电流噪声。DC/DC 转换是将原直流电通过调整其占空比（PWM）来控制输出的有效电压的大小。

图 4-4 功率转换器在电动汽车上的应用实例

在纯电动汽车中，DC/DC 主要应用在以下几个方面。

① 在直流电机的功率小于 5 kW 的纯电动汽车（如公园的游览车、机场的行李车等）中，动力电池组直接通过 DC/DC 为直流电机提供直流电。

② 在纯电动汽车及能量混合型电力系统中，用升压型 DC/DC；在功率混合型电力系统中，采用双向升降压型 DC/DC 或全桥型 DC/DC。电动汽车在滑行或下坡制动时，车辆的惯性能量经过转换后产生的电能，向储能电源充电时，也采用双向升降压型 DC/DC。

③ 用电动汽车上的高压直流电源为辅助电池（低压电源）充电时，采用隔离式降压型

DC/DC。

2．DC/AC 转换器（逆变器）

DC/AC 转换器（简称 DC/AC）又称为逆变器，它的基本功能是将直流电源（车载蓄电池电源或燃料电池电源）转换为交流电机的驱动交流电源。DC/AC 分有源逆变器和无源逆变器，以及多种不同组合的、高性能 DC/AC 等多种类型。

有些纯电动汽车运用了交流电机作为驱动电机，部分辅助设备也采用了交流电机，包括空气压缩机、空调系统的压缩机、转向助力器等，它们的电源来自动力电池组或燃料电池组。需要用小型的 DC/AC 将直流电源的电能转换为交流电后，来带动辅助设备的电机运转。DC/AC 将动力电池组或燃料电池组的电能转换为三相交流电，并检测辅助装备的运转参数的变化，控制三相异步电机的起动、运行和停止。

纯电动汽车中，交流驱动电机的 DC/AC 一般集成于电机控制器中。

3．AC/DC 转换器（整流器）

AC/DC 转换器（简称 AC/DC）又称为整流器。它的基本功能是将交流电源（包括电网电源和车载交流发电机发电电源）转换为直流电源（包括储能式电源的直流充电电源）。AC/DC 应用于纯电动汽车各种充电设备上，以及有交流电源转换为直流电源需求的电路及电气设备上。应用在电动汽车上的 AC/DC 基本形式有三相桥式、三相电压源 PWM 式和三相电流源 PWM 式。

三、制动助力与再生制动

1．电动真空助力制动

传统内燃机轿车的制动系统真空助力装置的真空源来自于发动机进气歧管，真空度一般可达到 0.05～0.07 MPa。对于由传统车型改型而成的纯电动汽车或燃料电池汽车，发动机总成被拆除后，制动系统由于没有真空动力源而丧失真空助力功能，仅由人力所产生的制动力无法满足行车制动的需要，因此需要对制动系统真空助力装置进行改制，而改制的核心问题是产生足够压力的真空源。为了产生足够的真空，除了一个具有足够排气量的电动真空泵外，为了节能和可靠，还要为电动真空泵电机设计合适的工作时间。为达到与燃油车相同的真空度要求，电动真空泵需在 4～5 s 内产生大于 50 kPa 的真空度。

如图 4-5 所示，电动真空助力器安装于制动踏板和制动主缸之间，由制动踏板通过推杆直接操纵。助力器与制动踏板产生的力叠加在一起作用在制动主缸推杆上，以提高制动主缸的输出压力。真空助力器由带有橡胶膜片的活塞（隔膜）分为前室与后室（与大气相通），一般前室的真空度为 60～80 kPa（即真空泵可以提供的真空度大小）。真空助力器所能提供助力的大小取决于其前室与后室气压差值的大小。当前室的真空度达到最大值时，真空助力器可以提供最大的制动助力。真空泵所产生的真空度的大小及速度关系到真空助力器的工作状态，真空泵的容量大小关系到助力器的性能，进而影响到制动系统在各种工况下能否正常工作。

电动真空助力制动系统的控制过程如下。

① 接通汽车 12V 电源，压力延时开关闭合，真空泵大约工作 30s 后开关断开，此时真空罐内真空度约为 80 kPa。

② 当真空罐内真空度降低到 55 kPa 时，压力延时开关再次闭合。

③ 当真空罐内真空度降低到约 34 kPa 时，压力报警器发出信号。

④ 如果真空泵控制开关有很明显的短时间开启和关闭，说明发生了泄漏。

图 4-5　电动真空助力制动系统的基本构成

根据这个控制策略，设计了间歇性真空发生系统，该系统的基本工作原理是：当驾驶人发动汽车时，12V 电源接通，压力延时开关和压力报警器开始压力自检，如果真空罐内的真空度小于 55 kPa，压力膜片将会挤压触点，从而接通电源，真空泵开始工作；当真空度增加到 55 kPa 时，压力延时开关断开，然后通过延时继电器使真空泵继续工作大约 30s 后停止。每次驾驶人有制动动作时，压力延时开关都会自检，从而判断电动真空泵是否应该工作。当真空罐内的真空度低于 34 kPa 时，真空助力器不能提供有效的真空助力，此时压力报警器将会发出信号，提醒驾驶人注意行车速度。

电动真空泵控制也可采用电控单元控制，只要把压力开关换成绝对压力传感器，电动真空泵由控制单元控制继电器控制即可，国内的一些纯电动汽车里，采用了由真空助力器真空度传感器、整车控制器（ECU）、电动真空泵工作继电器、真空泵电机组成的一个闭环真空度控制系统，保证制动时真空助力器的正常工作。

2．再生制动

再生制动是电动汽车所独有的，在减速制动（制动或者下坡）时将车辆的部分动能转换为电能，转换的电能储存在储存装置中（如各种蓄电池、超级电容和飞轮电池），最终增加电动汽车的续驶里程。如果储能器已经被完全充满，再生制动就不能实现，所需的制动力就只能由常规的液压制动系统来提供。现在几乎所有的电动汽车都安装了再生液压制动系统，从而可实现节约制动能量、回收部分制动能量，并为驾驶人提供常规制动性能。图 4-6 所示为电动汽车能量转换图。

图 4-6　电动汽车能量转换图

一般而言，当电动汽车减速、在公路上放松加速踏板巡航或踩下制动踏板停车时，再生制动系统起动。正常减速时，再生制动的力矩通常保持在最大负荷状态。电动汽车高速巡航时，其驱动电机一般在恒功率状态下运行，驱动力矩与驱动电机的转速或者车辆速度成反比，因此，恒功率下驱动电机的转速越高，再生制动的能力就越低。当踩下制动踏板时，驱动电机通常运行在低速状态。由于在低速时，电动汽车的动能不足以为驱动电机提供能量来产生最大的制动力矩，因而再生制动能力也就会随着车速降低而减小。

电动汽车的再生制动力矩通常不能像燃油发动机汽车中的制动系统一样提供足够的制动减速度，所以，在电动汽车中，再生制动和液压制动系统通常共同存在。只有当再生制动已经达到了最大制动能力而且还不能满足制动要求时，液压制动才起作用。

四、电动空调系统

1. 制冷

早期的国产纯电动汽车由于受到蓄电池能力的限制，为了不影响其续驶里程，大多数都没有配备空调系统。随着国内纯电动汽车逐步产业化、市场化，纯电动汽车必然要配备空调系统。由于受到纯电动汽车独特性影响，国内汽车厂家在燃油发动机汽车空调的基础上进行部分替换设计，将燃油发动机带动的压缩机替换成直流电机直接驱动的压缩机，控制上相应改变，来完成空调制冷的功能，目前替换设计效果基本能解决纯电动汽车空调的制冷问题，但制冷效率有待提高。

在空调的主要零部件选用上，目前国内的纯电动汽车除了压缩机和控制模式，其他主要零部件还是沿用燃油发动机汽车空调的零部件，冷凝设备主要用的是平行流冷凝器，蒸发设备主要用的是层叠式蒸发器，节流装置仍然是热力膨胀阀，制冷剂仍然是 R134a。据不完全了解，国内在大力开发纯电动汽车的厂家（如奇瑞、比亚迪、一汽、上汽、江淮等）目前的纯电动汽车空调配套情况基本差不多，都处于上述的发展现状。

（1）电动制冷系统组成与功能

① 制冷系统组成。制冷系统主要由电动压缩机、冷凝器、储液干燥器、膨胀阀、蒸发箱和控制电路组成，如图 4-7 所示。低压管路：从节流阀出口至压缩机入口，沿程有蒸发箱、低压加注口、积累器。高压管路：从压缩机出口至节流阀入口，沿程有压缩机，冷凝器，干燥器，高压加注口中、高低压开关，膨胀阀（节流阀）。

客车多采用变频器控制高压三相电机驱动压缩机，因此有独立的电机变频器，电机和压缩机之间采用皮带传动。而轿车多采用整体式电动压缩机，这种压缩机内部有电机，一般采用低电压 12 V 驱动。

② 制冷系统部件功能。压缩机把低温、低压的气态的制冷剂吸入压缩成高温、高压液态制冷剂，以跟外界空气形成温差；冷凝器通过冷凝器专用风扇或发动机散热器风扇把高温、高压制冷剂的热量散至周围空气，制冷剂降温；储液干燥器用来除去制冷剂中的水分；高压

加注口用于加制冷剂或对管路抽真空用；低压加注口用于加制冷剂或对管路抽真空用；高、低压开关中，高压开关保护管路，低压开关保护压缩机；膨胀阀即一个可变或固定截面小孔，把高压制冷剂节流雾化，经蒸发箱吸收车内空气热量；在鼓风机的作用下，蒸发箱吸收车内热量，变成低温、低压的气态；积累器用来储存制冷剂，防止从蒸发箱出来的制冷剂不是气态而"液击"压缩机，一般不设计。

图 4-7　汽车制冷系统组成

（2）工作原理

典型的电动空调系统工作原理如图 4-8 所示。

图 4-8　典型的电动空调系统

对于纯电动汽车，没有发动机作为空调压缩机的动力源，也不能提供作为汽车空调冬天制热用的热源，因此无法直接采用燃油发动机汽车空调系统的解决方案。对于纯电动汽车来说，车上拥有高压直流电源。因此，采用电动热泵式空调系统，压缩机采用电机直接驱动，成为可行的解决方案。若热泵式空调的压缩机电机采用变频控制技术，膨胀阀采用电子膨胀阀节流技术，则使控制更精确，也更节能。

在燃油发动机汽车的自动空调系统中，是通过控制混合风门的开度来调节出风温度以及控制风机的转速来调节风量的，以使车内温度保持在设定值。而对于热泵空调系统而言，没有热水芯来调节出风温度，但是压缩机的转速可以通过变频器来控制。因此，它的控制方法也就不同于燃油发动机汽车的空调系统。

在电动汽车热泵空调系统中，调节制冷量主要通过控制压缩机的转速实现。压缩机的转速的控制方法为：当车内温度高于设定温度 1℃时，为了尽快使温度达到设定值，压缩机以最大转速运行；若车内温度低于设定温度 1℃，压缩机以最低转速运行；当车内温度偏差在 −1～1℃时，压缩机的转速通过模糊控制算法来控制，以每一采样时刻车内温度与设定值的温差及温差的变化率为输入量，通过模糊推理得出压缩机的转速值。

2. 制热

国外电动汽车空调的发展相对国内来说较成熟，国外电动汽车空调不乏有跟国内相似的模式，但在热泵式空调上已经有了一定的基础，日本本田纯电动汽车就采用了电驱动热泵式空调系统。此外，在特别寒冷的地区使用时，部分车型顾客可以选装一个燃油加热器采暖系统。

日本电装（DENSO）公司开发了采用 R134a 制冷剂的电动汽车热泵式空调系统，其在热泵系统的风道中采用了车内冷凝器和蒸发器的结构。电装公司在近些年还开发了一套 CO_2 热泵空调系统，该系统也采用了在风道内设置蒸发器和冷凝器两个换热器的方案，与 R134a 系统不同的是当系统为制冷模式时，制冷剂同时流经内部冷凝器和外部冷凝器。

在风道中仅用一个换热器时，在制冷模式下为蒸发器，制热模式下为冷凝器。采用这种结构的热泵空调系统，不仅需要开发允许双向流动的膨胀阀，并且在热泵工况下，系统融霜时，风道内换热器上的冷凝水将迅速蒸发，在风窗玻璃上结霜，不利于安全驾驶。因此，有必要在热泵系统的风道中采用能设有内部冷凝器和蒸发器的结构，车外冷凝器和蒸发器共用一个热交换器。

为了减少空调对蓄电池的电能消耗，美国 Amerigon 公司开发了空调座椅，这种空调座椅上装有热电热泵，热电热泵的作用就是通过向需要调温的空间之外的水箱转移热量，从而实现需要调温的空间制冷或制热。这种空调座椅除了节能还可以改善驾驶、乘坐的舒适度，在电动汽车上配套使用比较适合。

电动汽车没有用来采暖的发动机余热，不能提供作为汽车空调冬天采暖用的热源，电动汽车的空调系统必须自身具有供暖的功能，即要求采用热泵式空调系统。同时，压缩机也只能采用电机直接驱动，结构上与现有的压缩机形式不完全相同。由于用来给热泵空调系统提供动力的电池（动力电池）主要是用来驱动汽车的，因此空调系统能量的消耗对汽车每充一次电的行程的影响很大。如果电动汽车仍采用现有能效比较低的空调系统，将耗费 10%以上的电功率，这就意味着，要在增加电池的制造成本和降低电动汽车的驱动性能指标之间进行选择。同燃油发动机汽车相比，对电动汽车空调系统的节能高效提出了更高的要求。同时，电动汽车空调必须要解决制冷、制热两大问题。根据电动汽车特有性质，目前电动汽车空调制热方式有半导体（热电偶）式、电动热泵式、PTC 加热式、燃油加热式等，其中，燃油加热式制热方式一般用于油电混合动力汽车（此处不再介绍），电动热泵式空调最有发展前途。

（1）半导体式

半导体制冷又称电子制冷，或者温差电制冷，是从 20 世纪 50 年代发展起来的一门介于制冷技术和半导体技术边缘的学科，与压缩式制冷和吸收式制冷并称为世界三大制冷方式。半导体制冷器的基本器件是热电偶对，即把一只 N 型半导体和一只 P 型半导体连接成热电偶，如图 4-9 所示，通上直流电后，在接口处就会产生温差和热量的转移。在电路上串联起若干个半导体热电偶对，而传热方面是并联的，这样就构成了一个常见的制冷热电堆。借助于热交换器等各种传热手段，使热电堆的热端不断散热并且保持一定的温度，而把热电堆的冷端放到工作环境中去吸热降温，这就是半导体制冷的原理。

半导体制冷作为特种冷源，在技术应用上具有以下特点：不需要任何制冷剂；可连续工作；没有污染源；没有旋转部件，不会产生回转效应；没有滑动部件，工作时没有振动、噪声，寿命长；安装容易。

图 4-9　半导体制冷片结构

半导体制冷片既能制冷又能制热，制冷效率一般不高，但制热效率很高，永远大于 1。因此使用一个片件就可以代替分立的制热系统和制冷系统。半导体制冷片是电流换能型片件，通过输入电流的控制，可实现高精度的温度控制，再加上温度检测和控制手段，很容易实现遥控、程控、计算机控制，便于组成自动控制系统。半导体制冷片热惯性非常小，制冷、制热时间很快，在热端散热良好、冷端空载的情况下，通电不到 1 min，制冷片就能达到最大温差。半导体制冷片的反向使用就是温差发电，半导体制冷片一般适用于中低温区发电。半导体制冷片的单个制冷元件的功率很小，但组合成电堆，用同类型的电堆串、并联的方法组合成制冷系统，功率就可以做得很大，因此制冷功率可以做到几毫瓦到上万瓦的范围。半导体制冷片的温差范围宽，从 90 ℃到−130 ℃都可以实现。

从空调技术成熟性和能源利用效率比较来看，对于半导体制冷片技术的电动汽车空调系统，目前存在着热电材料的优值系数较低，制冷性能不够理想，并且热电堆产量受到构成热电元件元素产量的限制，不能满足电动汽车空调节能高效的要求。

（2）热泵式

在理论上，制冷循环逆转可以用于制热。但在环境气温低的情况下，制热性能会下降，无法满足在低温区具备高制热性能的要求。行驶时，利用电动压缩机压缩冷却液并使其循环，冷却液在冷凝器中受风冷却，而且在冬天，当冷凝器（制热时改为蒸发器）结霜时，制热性能也难以发挥。这就需要考虑增加为冷凝器（制热时为蒸发器）加温除霜的系统。

制热原本在某些情况下需要比制冷更高的性能。例如，在冬天制热行驶时，为防止车窗起雾一般会导入车外空气。汽车因要在行驶的同时向车外排放加热了的空气，此时制热需要比制冷更高的性能。

热泵式空调系统是在原有燃油发动机汽车上进行改进的，压缩机由永磁直流无刷电机直接驱动，系统的工作原理图如图 4-10 所示。该系统与普通的热泵空调系统并无本质区别。由于在电动汽车上使用，压缩机等主要部件有其特殊性。而且国外热泵技术已具备了一定的基础，该技术最大的优点就是制冷、制热效率高。全封闭电动涡旋压缩机，是由一个直流无刷电机驱动的，通过制冷剂回气冷却，具有噪声低、振动小、结构紧凑、质量轻等优点。

图 4-10　热泵系统工作原理图

汽车空调热泵系统与普通的家用空调比较相近，是对普通家用空调的一种使用场合的扩展。为防止制热时因除霜导致车内舒适度下降，采用了热气旁通不间断制热除霜方式。除霜时，运行原理与制热基本相同，只是将融霜电磁阀打开，让从压缩机出来的高温高压的气体有一部分被分流到车外热交换器的入口，迅速把车外热交换器的温度提高到 0℃以上，融掉车外热交换器上的霜层，使热交换器保持良好的换热效率。

（3）PTC 加热式

若电动汽车采用加热器的电制热方式时，加热器一般配置在驾驶席和副驾驶席之间的地板下方。加热器由可用电发热的 PTC 加热器元件、将加热器元件的热量传送至散热剂（冷却液）的散热扇、散热剂流路和控制底板等组成。因要求加热器要有较高的制热性，因此，电源使用的是高压动力电池。如果是纯电动汽车专用产品，也可以不使用冷却液，直接用鼓风机吹送经 PTC 加热器加热的暖风。

由于要制造的加热单元要使用动力电池的高电压，用少量放热元件产生大量热量，因此，加热器需要丰富的设计和制造技术经验。加热器机身内部有板状加热器元件，通过在元件两侧通入散热剂（冷却液）提高散热性。加热器元件采用了普通 PTC 元件，PTC 元件夹在电极中间，具有电阻随元件温度改变的性质。在低温区，电阻低，电流流通产生热量，随着温度升高，电阻逐渐增大，电流难以流通，发热量随之降低。PTC 元件的特性符合汽车的制热性能要求，即具备在低温区的高制热性能。

五、信息显示系统

1. 信息显示方式

纯电动汽车信息显示方式有组合仪表式、数字式和液晶显示（LCD）式 3 种。组合仪表显示精确度高、信息刷新快、使用数字进行分时显示，可使仪表板得到简化且能显示大量信息。采用数字显示和大 LCD 屏幕的好处是只要仪表有足够的存储器和高分辨率的 LCD 显示，LCD 的图形造型的自由度会很高。驾驶人可以手动选择仪表的常规显示的内容，大多数系统还能在汽车有潜在危险情况时，让平时不显示的信息自动显示并发出警报，以提醒驾驶人注意。

纯电动汽车电机转速表一般不单独设计，多用功率表代替。

电机功率控制器和电机温度可采用仪表显示，也可采用液晶显示，仪表将测量数据以指针、数字或条形图的形式显示出来。有的高档汽车采用了虚拟仪表的显示方式，这样的仪表内部空间可以得到充分利用，避免了仪表空间的紧张。如图 4-11 所示，"READY"为绿色时表示此时怠速起/停功能可用。"READY"为黄色时表示此时怠速启/停功能停用，仪表中间还可以显示能量流动或动力电池 SOC 水平等信息。

图 4-11 虚拟仪表

2. 纯电动汽车新增仪表及功能

纯电动汽车仪表与燃油发动机汽车类似，其故障灯也分为指示灯、警告灯和指示/警告灯 3 类。故障灯用不同的颜色表示故障程度，红色表示危险/重要提醒，黄色表示警告/故障，绿色/蓝色/白色表示指示/确认启用。

虽然对于纯电动乘用车的生产，已经有了国家标准，但对于在标准之前生产的纯电动汽车、部分合资企业生产的纯电动汽车和进口纯电动汽车，在相对燃油发动机汽车新增仪表各种类、标志及功能上，不完全相同。以下仅以比亚迪 e6 纯电动汽车新增仪表为例，介绍纯电动汽车新增仪表的种类、标志及功能。

（1）充电系统警告灯

① 充电时，此警告灯用于警告充电系统故障。

② 放电时，此警告灯用于警告 VTOG 系统故障（在配备 VTOG 系统的车辆上）。

③ 非充电/放电时，此警告灯用于警告 DC 模块的工作状态。

④ 如果在驾驶中此警告灯点亮，表示 DC 系统有问题。应关闭空调、风扇、收音机等，建议将车辆开到最近的汽车授权服务店进行修理。

（2）电机冷却液温度过高警告灯

① 当整车电源挡位处于"OK"挡时，此警告灯显示电机冷却液的温度。正常运转时，指针应自底部标记处上升到中间位置。

② 在酷暑季节或长时间爬坡、高速行驶时，电机可能产生过热现象。如果冷却液温度表指针移到红色标记区，此警告灯变红，同时信息显示屏显示"电机冷却液温度过高"，应立即

将车辆停靠在安全路段，使电机降温，并建议尽快与汽车授权服务店联系检查车辆。

（3）动力电池充电连接指示灯

当连接充/放电枪后，此指示灯点亮。如果需要行驶车辆，须断开充电枪后再行驶。

（4）OK 指示灯

此指示灯点亮表示车辆系统工作正常，处于可行驶状态。

（5）电机过热警告灯

① 如果此警告灯点亮，表示电机温度太高，须停车并使电机降温。

② 在下列工作条件下，电机可能会产生过热现象。

a. 在炎热的天气进行长途爬坡。

b. 在停停走走的交通状态，频繁急加速、急制动的状况，或长时间车辆运转得不到休息的状况。

c. 拖拽挂车时或冷却液不足。

（6）动力系统故障警告灯

① 如果动力系统发生故障，此灯点亮。

② 如果当整车电源挡位处于"OK"挡时，此警告灯持续点亮，或驾驶中此警告灯点亮及当整车电源挡位处于"OFF"挡时，此警告灯点亮，均表示由此警告灯系统监控的部件中发生故障，建议尽快与汽车授权服务店联系检查车辆。

③ 在操作中此警告灯短暂点亮不表示有问题。

（7）动力电池过热警告灯

① 如果此警告灯点亮，表示动力电池温度太高，须停车降温。

② 在下列工作条件下，动力电池可能会产生过热现象。

a. 在炎热的天气进行长途爬坡。

b. 在停停走走的交通状态，频繁急加速、急制动的状况，或长时间车辆运转得不到休息的状况。

c. 拖拽挂车时。

（8）动力电池电量低警告灯

当动力电池的电量接近用完时此警告灯点亮，须尽快给电池充电。

（9）动力电池故障警告灯

① 当整车电源挡位处于"OK"挡时，此警告灯点亮。如果动力电池系统工作正常，则几秒后此警告灯熄灭。此后，如果系统发生故障，此警告灯将再次点亮。

② 当整车电源挡位处于"OK"挡时，此警告灯不亮或持续点亮，或者驾驶中此警告灯点亮或闪烁，表示由此警告灯系统监控的部件中发生故障。建议尽快与汽车授权服务店联系检查车辆。

（10）电池电量表（见图 4-12）

整车电源挡位处于"OK"挡时，此表指示当前车辆动力电池预计剩余的电量。当指示条将要或已经进入红色区域时，应尽快对动力电池充电。另外，如果电动电池警告灯点亮，同时信息显示屏显示"请及时充电"，表示当前动力电池电量低，需尽快对动力电池充电。

（11）功率表（见图 4-13）

功率表显示当前模式下整车的实时功率。在车辆下坡或靠惯性行驶时，功率表指示值可能为负值，表示正在能量回收，回收的能量对动力电池充电。

图 4-12　比亚迪 e6 电池电量表

图 4-13　比亚迪 e6 功率表

（12）续驶里程表（见图 4-14）

续驶里程表显示可以继续行驶里程的近似值。如果显示的续驶里程较低，应及时对动力电池充电。

（13）能量流程图

能量流程图指示当前电流的流动方向。对于比亚迪 e6 出租版型和豪华版型纯电动汽车，显示方式不同，如图 4-15 所示。

图 4-14　续驶里程表

（a）出租版

（b）豪华版

图 4-15　比亚迪 e6 不同版型纯电动汽车能量流程图

六、冷却系统

纯电动汽车主要热源有 3 类，即能量储存系统、电机控制器、功率转换器等功率元件和驱动电机。

能量储存系统中的电池有合适的工作温度，如常用的锂电池的工作温度为-20～60℃，一般采用自然冷却或强制通风冷却。

电机控制器、功率转换器等功率元件的工作温度通常为 40～50℃，允许最高温度为 60～70℃。这些元器件连续工作时容易过热，须采取专门的冷却装置控制温度，通常采用循环水冷却。

驱动电机的工作电流很大，励磁绕组和电枢绕组在电磁感应的过程中会产生大量的热，加之电流磁通的变化会在定子和转子铁心内感应产生热量，因此必须合理控制温度，否则会出现绝缘下降、电机退磁和效率降低等不良状况。驱动电机常采用油或水循环冷却。

纯电动汽车循环冷却系统主要分为两大部分：一部分是对电机及其控制器（包括功率转换器）的冷却；另一部分是对动力电池（包括车载充电机）的冷却。

1. 电池组的冷却

动力电池的常用冷却方法有风冷、液体冷却两种。风冷又分为自然冷却和强制冷却。风冷方法结构简单，成本较低，技术日益成熟。液体冷却有制冷剂冷却和水冷却，一般采用循环水冷却系统。该系统包括电池冷却器、水泵和集成在动力电池组内的冷却板及结构框架，能够有效地进行热交换，效率高。

2．驱动电机及控制器的冷却

驱动电机及控制器的冷却通常采用同一冷却回路，即驱动电机冷却系统。冷却方式有自然冷却和强制水冷两种，通常采用循环水冷方式。其由电动水泵、冷却液、循环回路、电风扇、散热器（散热水箱）和温度传感器（图中未标出）组成，如图 4-16 所示。

图 4-16　驱动电机冷却系统

当冷却液流经驱动电机和控制器等高温热源时，高温热源通过热传导方式将热量传递给冷却液，冷却液温度升高，在流经散热器时再将冷却液的热量传递给散热器片，风扇吹风或自然风通过对流热交换带走散热片的热量，使冷却液温度降低。电动汽车工作时，这样的循环往复进行，保证驱动电机和控制器在合适的温度下工作。

七、整车控制器

整车控制器（EV ECU）是电动汽车上最主要的控制器，有对电机控制器（MCU）的控制、电源管理、自诊断、同其他控制节点（ECU）的数据信息共享、电器管理、防盗器管理等功能。

1．对 MCU 的控制功能

① 根据加速踏板位置和电机转速确定向 MCU 传送的转矩数据。

② 对于固定传动比的变速器，EV ECU 根据变速器换挡手柄传来的位置信号确定转矩方向。

③ 对于 2 或 3 个传动比的变速器，EV ECU 根据变速器换挡手柄传来的位置信号确定转矩方向和大小。

④ 当驾驶人踏下制动踏板时，EV ECU 控制 MCU 关闭逆变桥驱动电路信号，由正信号转为全负信号，并起动再生制动和 ABS 摩擦制动功能，主要是控制制动效果。

2．电源管理功能

无整车控制的电动汽车在停车时需手动断开直流母线，若恰好行车中人为断开母线将会有很大的电流冲击，同时在修理时会有安全隐患。有整车控制器时，整车控制器中的软件会对正、负直流母线进行有区别的断电。电池箱内配有熔断丝的检修塞或空气开关，只有在维修时才用手动插入检修塞或断开空气开关的断电方式。

3. 自诊断功能

整车控制器能对接入自身的传感器、执行器、其他控制器进行监测。整车控制器对检测仪的输出数据包括：整车控制器的版本、电机控制器的版本、防盗电子钥匙的版本、整车控制器存储的故障码、数据流。整车控制器对检测仪的输入数据有：单元编码功能、执行元件诊断、自适应功能。检测仪还要有登录上网功能，以利于检测仪的数据更新。

传感器监测包括：对电机中冷却液温度、冷却风扇电机继电器线圈电路、水泵电机继电器线圈电路及对电机电源的有无进行监控，有故障生成故障码，有必要时点亮故障警告灯。执行器监测包括：继电器是否能工作，原因在线圈还是开关，电磁阀是否能工作，并设计有进行执行元件诊断的程序。

4. 同其他控制节点（ECU）的数据信息共享功能

图 4-17 所示为典型纯电动轿车控制单元结构。其主要控制功能如下。

图 4-17 典型纯电动轿车控制单元结构图

① 接收电机控制器节点传来的电机控制器（MCU）过温、低电压、过电流等故障信息，对故障进行存储，分析后认为有必要则输出至仪表，点亮仪表动力系统故障警告灯。

② 对来自电池管理系统（BMS）的动力电池总电压、电流、各动力电池的电压、电池箱温度、风扇继电器工作情况、烟度传感器信号、内置温度传感器、动力电池的单块温度等进行处理，必要时，给仪表发送故障信号，向仪表输出 BMS 分系统确定的电池箱号和动力电池位置号，以利于维修中更换动力电池。

③ EV ECU 与空调 ECU 交换信号，控制空调的制热和制冷。

④ 从漏电保护器单元接收高压漏电信号，开启高压漏电自动切断主电路开关功能。

5. 电器管理功能

① 对灯光和加热器等的控制。

② 对电器用电的优先权进行控制。

6. 防盗器功能

将编码机械钥匙（或感应钥匙）、整车控制器和电机控制器三者联系在一起，采用变码送码防盗技术。

整车控制器与编码机械钥匙（或感应钥匙）无线通信，通过密码算法确认；整车控制器与电机控制器有线通信，通过密码算法确认。一旦三者身份认证通过，则电机控制器正常工作，否则电机控制器进入控制锁死状态，而不是简单地不发转矩信号，这样可防止盗贼通过车辆自身动力将车盗走。因为三者出厂时已经通过认证，盗贼盗走的最多是整车控制器和电机控制器，没有钥匙这两个控器不能工作，也可打消盗贼盗走电机控制器和整车控制器的想法。服务修理上一旦钥匙丢失，软件上有能配制新的电子钥匙的程序。防盗控制状态能通过检测仪的数据流功能看到。

任务实施

一、准备工作

在技能学习工位准备好纯电动汽车及其相关技术资料。工具箱和防护用品柜内需有足够的专用维修工具和各类防护用品。

1. 劳动保护

① 穿好绝缘工作服。

② 穿好高压绝缘鞋。

③ 检查并佩戴绝缘手套。

2. 车辆防护

① 打开主驾驶车门，铺设脚垫、转向盘套、座椅套。

② 打开发动机罩，固定支架，铺设翼子板布和格栅布。

二、操作流程

1. 学生工作

① 在各自工位分组学习。

② 在充分学习本任务相关知识的基础上，通过查阅相关技术资料和观察纯电动汽车，完成相应的工作单（见本书配套《学生手册》）。

③ 5S 工作。

④ 自我评价。

2. 指导教师工作

学生在进行上述操作过程中，指导教师进行下列工作。

① 向学生讲解安全注意事项，并要求学生在技能学习工作单中做记录。

② 观察、指导学生进行相关操作，及时制止可能发生危险的操作。

③ 实操结束后审阅学生完成的工作单，并结合其操作情况给出评价。

学习任务4-2　纯电动汽车保养、应急处理及常规故障处理

任务引入

纯电动汽车的使用与维修人员，均应该掌握纯电动汽车整车保养与常规故障处理方法。另外，当纯电动汽车出现车辆起火，电池泄漏、碰撞，轮胎漏气，行车制动失效等特殊情况时，其使用与维修人员均应该能够进行正确的应急处理。

本任务主要讲解纯电动汽车线路检查、整车保养、常见故障处理及特殊情况下的应急处理方法。

学习目标

1．能够规范地进行纯电动汽车线路检查。

2．能够规范地进行纯电动汽车的整车保养。

3．能够正确进行车辆起火，电池泄漏、碰撞，轮胎漏气，行车制动失效等特殊情况下的应急处理。

4．能够正确进行纯电动汽车常规故障的处理。

5．能够注意培养劳动保护、安全与环保意识和团队协作意识。

相关知识学习

比亚迪 e6 纯电动轿车的保养周期与保养项目，见表 4-1。

表 4-1　　　　　　比亚迪 e6 纯电动轿车的保养周期与保养项目

保养项目 ＼ 保养时间间隔	里程表读数或月数，以先到者为准															
×1000km	7.5	15	22.5	30	37.5	45	52.5	60	67.5	75	82.5	90	97.5	105	112.5	120
	12	24	36	48	60	72	84	96	108	120	132	144	156	168	180	192
月数	6	12	18	24	30	36	42	48	54	60	66	72	78	84	90	96
1．检查紧固底盘固定螺栓	│	│	│	│	│	│	│	│	│	│	│	│	│	│	│	│
2．检查制动踏板和电子驻车开关	│	┃	│	┃	│	┃	│	┃	│	┃	│	┃	│	┃	│	┃
3．检查制动摩擦块和制动盘	│	│	│	│	│	│	│	│	│	│	│	│	│	│	│	│
4．检查制动系统管路和软管	│	┃	│	┃	│	┃	│	┃	│	┃	│	┃	│	┃	│	┃
5．制动钳总成导向销		│		│		│		│		│		│		│		│
6．检查转向盘、拉杆	│	┃	│	┃	│	┃	│	┃	│	┃	│	┃	│	┃	│	┃
7．检查传动轴防尘罩	│	┃	│	┃	│	┃	│	┃	│	┃	│	┃	│	┃	│	┃
8．检查球销和防尘罩	│	┃	│	┃	│	┃	│	┃	│	┃	│	┃	│	┃	│	┃
9．检查前后悬架装置	│	┃	│	┃	│	┃	│	┃	│	┃	│	┃	│	┃	│	┃
10．检查轮胎和重启压力（含 TPMS）	│	│	│	│	│	│	│	│	│	│	│	│	│	│	│	│
11．检查前轮定位、后轮定位	│	┃	│	┃	│	┃	│	┃	│	┃	│	┃	│	┃	│	┃
12．轮胎调换	│	│	│	│	│	│	│	│	│	│	│	│	│	│	│	│
13．检查车轮轴承有无游隙	│	┃	│	┃	│	┃	│	┃	│	┃	│	┃	│	┃	│	┃
14．检查车身损坏情况	每年															
15．检查前舱盖锁及其紧固件	每年															

续表

保养时间间隔 ×1000km / 保养项目 月数	里程表读数或月数，以先到者为准															
	7.5	15	22.5	30	37.5	45	52.5	60	67.5	75	82.5	90	97.5	105	112.5	120
	12	24	36	48	60	72	84	96	108	120	132	144	156	168	180	192
	6	12	18	24	30	36	42	48	54	60	66	72	78	84	90	96
油品																
16．检查副水箱内冷冻液液面高度	│	│	│	│	│	│	│	│	│	│	│	│	│	│	│	│
17．检查转向液	│	│	│	│	│	│	│	│	│	│	│	│	│	│	│
18．检查制动液	│	│	│	│	│	│	│	│	│	│	│	│	│	│	│
19．更换驱动电动冷却液	每 4 年或 100000km 更换长效有机酸型冷却液，以先到者为准															
20．更换制动液	每 2 年或 40000km 更换一次															
21．更换转向液	每 4 年或 100000km 更换一次															
22．减振器油	免更换															
23．检查和更换变速器内的齿轮油	首保 6 个月或 5000km 更换，后续 24 个月或 48000km 更换															
高压																
24．检查高压模块故障码（记录后清除）	│	│	│	│	│	│	│	│	│	│	│	│	│	│	│	│
25．检查动力电池托盘、防撞杆	│	│	│	│	│	│	│	│	│	│	│	│	│	│	│
26．检查动力总成是否漏液、磕碰	│	│	│	│	│	│	│	│	│	│	│	│	│	│	│
27．检查高压线束或接插件是否松动，引脚是否烧蚀	│	│	│	│	│	│	│	│	│	│	│	│	│	│	│
28．检查高压模块外观是否变形、是否有油液	│	│	│	│	│	│	│	│	│	│	│	│	│	│	│
29．检查各充电连接器接口处是否有异物、烧蚀等情况	│	│	│	│	│	│	│	│	│	│	│	│	│	│	│
30．容量测试及校正	每 6 个月或 72000km															
31．检查高压系统模块是否有软件更新，有则更新	│	│	│	│	│	│	│	│	│	│	│	│	│	│	│	│
电器																
32．检查灯具灯炮、LED 是否点亮正常	│	│	│	│	│	│	│	│	│	│	│	│	│	│	│
33．检查前照灯调光功能是否正常	│	│	│	│	│	│	│	│	│	│	│	│	│	│	│
34．更换普通滤网	│	│	│	│	│	│	│	│	│	│	│	│	│	│	│
35．更换空调冷却液	每 4 年或 100000km 更换长效有机酸型冷却液，以先到者为准															
36．近光初始下倾度校准	每隔 10000km 校准一次															
37．安全气囊模块及 ECU、传感器	每 10 年或 100000km 更换一次															
备注	在检查第 1 项时，如发现底盘部件有异常损坏请及时更换。 粗体标示的为严酷工况所增加项															
温馨提示	为了使动力电池处于最佳状态，需要定期（至少 6 个月或 72000km）对车辆进行满充满放，达到电池自我校正的目的，也可以联系比亚迪汽车授权服务店进行容量的测试与校正															

注：表中符号含义如下。

│—必要时进行检查、修正或更换；

│—更换、改变或润滑。

任务实施

一、准备工作

在技能学习工位准备好纯电动汽车及其相关技术资料。工具箱和防护用品柜内需有足够的专用维修工具和各类防护用品。

1．劳动保护

① 穿好绝缘工作服。

② 穿好高压绝缘鞋。

③ 检查并佩戴绝缘手套。

2．车辆防护

① 打开主驾驶车门，铺设脚垫、转向盘套、座椅套。

② 打开发动机罩，固定支架，铺设翼子板布和格栅布。

二、线路检查

1．线束插接器检查

① 检查电器插件与线束插件是否对插，并检查是否对插到位。

② 检查线束与插针是否连接牢固，插件内插针是否有退针、插针弯曲等异常现象。

③ 根据线束图引脚定义检查插件线束位置是否正确。

2．供电电源检查

① 用专用表检测供电电源是否正常，特别注意电源数值是否在用电设备正常工作范围内。

② 检查用电设备对应的熔断丝是否熔断，如熔断则更换。

③ 检查线路是否出现电线保护层破损漏电现象。

3．搭铁检查

① 检查用电设备线束搭铁是否与车身搭铁牢固。

② 检查线束搭铁点是否与车身接触良好。

③ 用万用表检查搭铁线束是否与车身接通良好。

4．耗能电源检查

有些用电设备不仅有供电电源，还有耗能电源。对这类用电设备检查时，重点关注以下内容。

① 确认耗能电源与挡位对应。

② 检查用电设备插件与线束插件是否对插，并检查是否对插到位。

③ 检查线束与插针是否连接牢固，插件内插针是否有退针、插针弯曲等异常现象。

④ 根据线束图引脚定义检查插件线束位置是否正确。

⑤ 用万用表对相关线路进行导通性测试。

5．控制器信号线检查

① 了解控制策略及失效模式，初步判断故障点。

② 查看终端插件是否有错针、退针、倒针等现象。

③ 用万用表对两端进行通断检查，看是否与车身短接，是否与插件内其他回路短接。

6．CAN 总线检查

① 查看终端插件 CAN-H 和 CAN-L 是否有错针、退针、倒针等现象。

② 在蓄电池负极不接的情况下，用万用表对任意一个含 CAN 插件的 CAN 线检查电阻，如果不是标准值（通常为 60Ω），则逐一拔掉含 CAN 插件，直至出现 60Ω 电阻数值时，则刚

拔掉的插件或用电设备存在问题。

③ 使用 PCAN（CAN 卡）读取 CAN 总线数据，进行错误帧识别，进行对控制器断电观察错误帧变化情况，当错误帧消失时，则基本确定该模块存在问题。

三、整车保养

依照使用情况或所规定的里程，检查下列项目。

（1）冷却液

① 在每次充电时检查散热器副水箱冷却液的液位。如图 4-18 所示，液位应处于上限（MAX）和下限（MIN）之间，如果低于下限刻度线，应添加冷却液至上限刻度线。

② 如果车辆动力系统为冷却液冷却，则装备有电池冷却液储液罐。每次充电时检查储液罐的液位。如图 4-19 所示，液位应处于上限（MAX）和下限（MIN）之间，如果低于下限刻度线，应添加冷却液至上限刻度线。

图 4-18　检查散热器副水箱冷却液液位

图 4-19　检查动力电池冷却液液位

（2）风窗玻璃洗涤液

每月检查一次储液罐中的洗涤液存量，因天气不好而频繁使用洗涤液时，应在每次充电时检查液位。风窗玻璃洗涤器储液罐位于前舱内右前照灯后部，如图 4-20 所示，打开盖子，抽出液位计即可查看液位高度，如果不足，加满即可。

（3）刮水器

每月检查一次刮水器状况。如果刮水器不能刮净风窗玻璃，应检查其是否有磨损、龟裂或其他损伤。

（4）制动液

制动液应依照定期保养表中规定的行驶时间与里程数进行更换。每月检查一次液位。如图 4-21 所示，液位应处于上限（MAX）和下限（MIN）之间，如果低于下限刻度线，应添加制动液至上限刻度线。同时检查制动系统是否存在泄漏现象，如果有泄漏处，应与授权服务店联系维修。

图 4-20　检查风窗玻璃洗涤液液位

图 4-21　检查制动液液位

（5）制动踏板

每次驾驶车辆时，均应检查制动踏板是否操作自如。

（6）电子驻车开关

检查电子驻车开关是否功能完好。

（7）辅助电池

每月检查一次电池的状况及端子的腐蚀情况。

① 确认电机和所有附属设备都已处于关闭状态。

② 取下电池负极接头上的搭铁电缆。

③ 检查电池有无腐蚀或接头松动、裂纹及压板松动等现象。如果电池已被腐蚀，须用温水和苏打水的混合溶液进行清洗，在接头外部涂润滑脂；如果接头连接松动，应拧紧；如果压板松动，应按紧。

④ 检查电池内部状态。根据电池外壳上的说明，通过观察窗口可检查电池内部状态。如果电池电解液不足，需更换电池。

（8）空调系统

每周应检查空调装置的工作情况。

（9）轮胎

每月检查一次轮胎胎压（需在冷态下检查）。检查胎面的磨损状况及是否嵌有异物。

（10）风窗玻璃除霜装置

在使用暖风装置和空调时，每月应检查除霜装置出风口。

（11）车灯

每月检查一次前照灯、小灯、尾灯、高位制动灯、转向信号灯、前雾灯、后雾灯、制动灯及牌照灯的状况。

（12）车门

检查行李舱盖及其他车门（包括后排门）是否开关自如、上锁牢固。

（13）喇叭

检查喇叭是否正常。

（14）动力转向液

每月至少检查一次动力转向液储液罐的液面高度。查看储液罐侧面，如图 4-22 所示，液位应处于上限（MAX）和下限（MIN）之间，如果低于下限刻度线，应添加动力转向液至上限刻度线。同时检查系统是否存在泄漏现象，如果有泄漏处，应与授权服务店联系维修。

图 4-22　检查动力转向液液位

四、应急处理

1. 指示灯/警告灯点亮应对措施

指示灯/警告灯点亮的应对措施，见表 4-2。

表 4-2　　　　　　　　　　　　　　指示灯/警告灯点亮的应对措施

序号	指示灯/警告灯	应对措施
1	(!)	制动系统故障警告灯 如果没有使用驻车制动器，建议立即停车并与比亚迪汽车授权服务店联系
2	🚶	驾驶员座椅安全带指示灯 驾驶员应系上安全带
3	PASSENGER	前排乘员座椅安全带指示灯 前排乘员应系上安全带

续表

序号	指示灯/警告灯	应对措施
4		充电系统警告灯 应立即停车并建议与比亚迪汽车授权服务店联系
5		ABS 故障警告灯 建议将车辆送到比亚迪汽车授权服务店进行检查
6		安全气囊（SRS）故障警告灯 建议将车辆送到比亚迪汽车授权服务店进行检查
7		电机冷却液温度过高警告灯 将车开到指定维修点，停车冷却电机。如频繁出现此警告灯点亮情况，建议联系比亚迪相关工作人员
8		动力系统故障警告灯 该警告灯常亮时，建议将车辆送到比亚迪汽车授权服务店进行检查
9		电机过热警告灯 常亮时表示温度过高，检查冷却液是否充足，停车冷却电机。如此警告灯点亮情况频繁出现，应立即停车并建议与比亚迪汽车授权服务店联系
10		转向系统故障警告灯 建议立即停车并与比亚迪汽车授权服务店联系
11		动力电池故障警告灯 该警告灯常亮时，建议将车辆送到比亚迪汽车授权服务店进行检查
12		动力电池过热警告灯 该警告灯点亮时应停车使电池冷却
13		动力电池电量低警告灯 该警告灯点亮时，请及时给车辆进行充电
14		动力电池充电连接指示灯 充/放电枪已连接好，可以开始充/放电
15		"OK" 提示灯 提示车辆可以行驶，注意周围情况
16		前排乘员安全气囊开关状态指示灯 如果副驾驶位置坐有成年人，打开副驾驶座安全气囊
17		胎压系统警告灯（装有时） 表示轮胎压力异常或胎压监测系统故障，应立即停车并建议与比亚迪汽车授权服务店联系
18		制动片磨损警告灯 表示制动片磨损过薄，建议联系比亚迪汽车授权服务店进行检查与更换
19		电子驻车状态指示灯（装有时） 表示电子驻车已起动
20		车身电子稳定系统（ESP）故障警告灯（装有时） 该警告灯常亮时，建议将车辆送到比亚迪汽车授权服务店进行检查 该警告灯闪烁时，ESP 系统工作正常

2. 系统紧急关闭

车辆处于某些条件时，紧急关闭系统起动，"OK"指示灯将会关闭。

（1）关闭条件

① 前方碰撞后安全气囊没有打开。

② 某些部位的后方碰撞。

③ 某些车辆系统故障。

（2）处理方法

一旦紧急关闭系统被激活，本车系统将不能转换到驾驶就绪状态。建议与授权服务店联系检修车辆。

3．车辆起火

如果车辆起火，应根据实际状况，按照以下方法对车辆进行操作。

① 将车辆退电至"OFF"挡，并在条件允许情况下断开前舱辅助电池连接线缆。

② 如果火势较小，就近寻找干粉灭火器进行灭火，并立即拨打求救电话。

③ 如果火势较大，发展较快，应立即远离车辆等待救援。

4．电池泄漏

当车辆使用或碰撞后，车内有酸液气味、车外有明显酸液流出、电池包内部出现冒烟，说明发生电池泄漏。此时应采取以下措施。

① 将车辆退电至"OFF"挡，并在条件允许下断开前舱辅助电池。

② 立即与授权服务店联系处理。

5．碰撞

如果车辆发生碰撞，请根据实际情况按照以下方法对车辆进行操作。

① 将车辆退电至"OFF"挡，并在条件允许的情况下断开前舱辅助电池。

② 建议立即拨打授权服务店电话请求救援。

③ 条件允许的情况下，可自行进行简单检查，包括动力电池托盘边缘是否有开裂、有无明显液体流出等。

a．如果发生少量泄漏时，应远离火源，使用吸液垫吸附后置于密闭容器中或用焚烧方式处理。

> **注意**
>
> 操作前应佩戴防腐蚀手套。

b．发生大量泄漏时，应统一收集泄漏物，按照危险化学品处理，可加入葡萄糖酸钙溶液来处理有毒气体。

> **注意**
>
> 在进行上述操作时，注意不要触碰流出的液体。如果人体不慎接触到泄漏液体时，应立即用大量水冲洗 $10 \sim 15$ min。如果有疼痛感，可用 2.5% 的葡萄糖酸钙软膏涂敷或用 $2\% \sim 2.5\%$ 的葡萄糖酸钙溶液浸泡止痛。若无改善或出现不适症状，应立即就医。

6．轮胎漏气

① 慢慢降低车速，尽量保持直线行驶。小心地将车辆驶离道路至远离交通繁忙的安全地点，将车辆停在坚实平坦的地面上。

② 拉起电子驻车开关并按下"P"键。

③ 整车退电，并打开紧急警告灯。

④ 车上的所有人员下车至远离交通繁忙的安全地点。

⑤ 更换备胎。

a. 取出需要的工具和备胎。按图 4-23 所示逆时针方向旋转接头，直到千斤顶松动为止。打开行李舱盖及底部装饰板，按图 4-24 所示逆时针方向旋转螺母至取下，取出备胎。

b. 在泄漏轮胎对角方向的轮胎正面放置挡块。

c. 用车轮螺母拆卸夹取下漏气轮胎的螺母装饰盖，如图 4-25 所示。

图 4-23 千斤顶的放松与锁紧

d. 用轮胎专用扳手拧松车轮螺母，先不要将其拆下。

e. 在靠近车轮的车辆中间区域底部合适的位置安置好千斤顶。

f. 用摇把摇转千斤顶连接头，将车辆升起到适合安装备胎的高度。

g. 拆下车轮螺母并更换轮胎。

h. 降下车辆，按图 4-26 所示顺序依次拧紧各螺母，最好用扭矩扳手检查各螺母拧紧力矩，并装上装饰盖。

图 4-24 备胎的解锁与锁止　　图 4-25 用车轮螺母拆卸夹拆卸螺母装饰盖　　图 4-26 车轮螺母拧紧顺序

i. 整理工具和拆下的故障轮胎。检查轮胎气压，视需要到服务店充气。

7. 应急制动

在行车制动失效或制动踏板运动受阻情况下，可利用电子驻车制动系统（EPB）实现应急制动。

① 持续拉起 EPB 开关，直到车辆停下来。

② 若想中途取消制动，松开 EPB 开关即可。

③ 若车速降至 5 km/h 以下，EPB 将保持拉起状态，此时若想释放 EPB，需持续踩住制动踏板并向下按一下 EPB 开关，直到仪表上的驻车指示灯熄灭，即表示已释放电子驻车，显示屏上会有文字提示"电子驻车已解除"。

五、常规故障处理

以下仅以比亚迪 e6 纯电动轿车为例，说明纯电动汽车常规故障处理方法。

1. 智能进入和智能起动系统工作不正常

（1）可能的原因

① 附近有强电磁波发射设备，如电视塔、发电站、广播站等。

② 将智能钥匙与通信装置一同携带，如与双向无线电通信设备或移动电话同时携带。

③ 智能钥匙与金属物体接触或被其覆盖。

④ 操作微动开关太快。

⑤ 智能钥匙过于接近车门把手。

⑥ 他人在附近的另一辆车上操作无线遥控功能。

⑦ 电池电量耗尽。

⑧ 智能钥匙在高压设备或产生噪声的设备附近。

⑨ 智能钥匙在同其他车辆智能进入和起动系统的钥匙或其他发射无线电波的装置一起携带。

⑩ 智能钥匙放在某些特殊位置，如仪表板上、杂物箱内、地板上等。

（2）处理措施

① 使用附在电子智能钥匙上的机械钥匙解/闭锁。

② 使用无线遥控功能将所有车门解/闭锁。

③ 电池电量耗尽，建议与汽车授权服务店联系更换电池。

④ 如果智能进入和智能起动系统因故障不能正常运行，建议与汽车授权服务店联系。

2. 一般充电故障

一般的充电故障原因及解决方法，见表 4-3。

表 4-3　　　　　　　　　　　一般的充电故障原因及解决方法

故障状态	可能原因	解决方法
不能交流充电，物理连接完成。已起动充电	电源置于"OK"挡	将电源挡位置于"OFF"挡
	动力电池已充满	动力电池已充满时，充电会自动停止
	环境温度过低或过高或处于特殊环境温度下	在充电前将车辆置于适宜温度的环境内，待温度正常后再充电
	低压电池过放电	寻找其他电源，如搭接其他车辆的低压电池，充电开始后，会同时给动力电池充电
	交流充电器没有正确连接	确认交流充电器的开关已弹起
	车辆或交流充电器有故障	确定仪表板上电池故障灯点亮，或有充电系统故障提示语，停止充电，建议与比亚迪汽车授权服务店联系
充电中途停止	电源断电	电源恢复后，会自动重新开始充电
	充电电缆没有连接好	确认充电连接电缆没有虚接
	充电器开关被按下	充电器开关被按下则停止充电，需重新连接充电器，起动充电
	到达预约充电的结束时间	充电前如果没有起动实时充电，且预约充电功能未关闭，则预约结束时间一到，无论动力电池是否充满，充电均会结束
充电中途停止	动力电池温度过高	仪表显示动力电池温度过高警告灯，充电会自动停止，待电池冷却后再充电
	车辆或充电柜有故障	确认充电柜或车辆有故障提示，建议与比亚迪汽车授权服务店联系
预约充电不能实现，物理连接完成，已起动充电	预约充电时间没有设置	确认保存预约时间完成设置
	充电站直流充电不能预约充电	充电站直流充电没有预约充电功能
	仪表显示时间错误	由于低压电池过放电，会导致仪表初始化，请确认仪表显示时间与 GPS 时间一致。电源置于"OK"挡后，5min 内，仪表会自动校准时间
	车辆仪表故障	建议与比亚迪汽车授权服务店联系

3. 安全气囊检修

出现下列情况时，建议立刻与比亚迪汽车授权服务店联系修理。

① 安全气囊已经充气展开。

② 车辆前部（见图 4-27 中箭头所指的阴影区域）遇到事故时，未能引起安全气囊展开。

③ 安全气囊盖（见图 4-28 中箭头所指处）已经刮破、裂开或有其他损坏。

图 4-27 前部碰撞区域

图 4-28 安全气囊盖位置

④ 组合仪表上的安全警告灯异常点亮，如图 4-29 所示。

> **说明** 整车电源挡位处于"OK"挡时，安全气囊警告灯亮 5 s 左右，然后熄灭，表示系统正常。如果安全气囊已关闭，则警告灯常亮，但已不具备保护功能。

a. 整车电源挡处于"OK"挡后，5 s 之后警告灯不熄灭或熄灭后又重新点亮。

b. 整车电源挡处于"OFF"挡，警告灯点亮。

c. 汽车行驶过程中，警告灯点亮或闪烁。

d. 副驾驶席安全气囊开关指向"ON"时，前排座安全气囊警告灯点亮。

e. 副驾驶席安全气囊开关指向"OFF"时，前排座安全气囊警告灯熄灭。

4. EPB 手动释放功能失效

持续按住 EPB 开关 2 s 以上，即可释放 EPB 功能。释放后应及时到授权服务店检查制动踏板开关信号及相关零件和线路。如果仍然不能释放 EPB 功能，应操持其功能至停车，立即与授权服务店联系维修。

图 4-29 组合仪表上的安全气囊警告灯

5. 轮胎压力监测系统故障报警显示与措施

轮胎压力监测系统故障报警显示与措施，见表 4-4。

表 4-4 轮胎压力监测系统故障报警显示与措施

报警内容	显示方式	建议相应的操作
胎压过低	1. 胎压故障灯点亮 2. 胎压值变为黄色	请检查相应的轮胎是否有慢漏气的现象，并将气压充到合理的范围
快速漏气	1. 胎压故障灯常闪 2. 胎压值变为红色	请检查相应的轮胎是否有漏气现象
信号异常	1. 胎压故障灯闪烁后常亮 2. 胎压数值显示为：信号异常	请检查相应的胎压监测模块是否正常，是否长时间处于大电场范围内
系统故障	1. 胎压故障灯闪烁后常亮 2. 文字提示：请检查胎压监测系统 3. 胎压数值显示为：信号异常	请检查胎压监测模块、胎压控制模块是否正常，更换胎压监测模块或者控制模块

6. 雷达系统探测不到障碍物或探测距离不准确

雷达系统探测不到障碍物或探测距离不准确的故障原因如下。

① 传感器上有污垢、积水或雾气。

② 传感器上有积雪或被冻结。

③ 传感器被其他物体遮盖。

④ 车辆明显侧倾或过分超载。

⑤ 在特别颠簸的道路、斜坡、碎石路面和草地上。

⑥ 传感器重新喷过漆。

⑦ 由于车辆喇叭声、其他车辆等产生的噪声干扰。

⑧ 附近有另一辆配有驻车辅助系统的车辆。

⑨ 车辆安装一牵引环。

⑩ 保险杠或传感器受到了强烈冲击。

⑪ 车辆正在接近一个较高或曲折的路缘。

⑫ 在烈日下或严寒天气中。

⑬ 安装了非原厂的劣质悬架。

⑭ 障碍物本身的材料和形状使雷达探测困难。如障碍物为电线、栅栏、绳索、棉花、积雪等吸收无线电波的材料，有尖锐棱角的物体、低矮障碍物，上部朝外伸向车辆方向的高障碍物，保险杠上的物体，过于靠近车辆的物体，车辆附近的人员（根据穿衣类型而定）。

7．车辆周围没有障碍物，但蜂鸣器鸣叫

出现这种现象的主要原因可能是外界电源波对传感器产生了干扰。如果蜂鸣器持续鸣叫，则可能是系统存在故障，应联系授权服务店检修。

8．VDC 无法正常工作

车辆动态控制系统（VDC）无法正常工作，除系统本身可能存在故障外，还可能是以下原因。

① 在坡度极大的路行驶。

② 在不稳定的路面行驶，如转台、渡轮、升降机等。

③ 使用了非原厂指定车轮或轮胎。

④ 使用了非原厂指定的驱动电机控制系统相关部件或部件严重老化。

⑤ 使用了非原厂指定的制动系统相关部件或严重老化。

⑥ 使用了非原厂指定的悬架系统部件或严重老化。

9．多媒体系统故障

多媒体系统故障信息、原因及应对措施，见表 4-5。

表 4-5　　　　　　　　　多媒体系统故障信息、原因及应对措施

信息	原因	应对措施
无光盘	DVD 播放机内没有光盘	插入光盘
查看光盘	1．光盘脏污或损坏 2．光盘反面朝上插入 3．播放机不能播放光盘	1．清洁光盘 2．正确插入光盘 3．确认播放机能播放光盘
DVD 出现错误	1．系统存在故障 2．由于播放机内部温度过高，操作终止	1．弹出光盘 2．弹出光盘并使播放机冷却
无音乐数据	表示光盘内没有可播放的数据	弹出光盘

参考文献

[1] 刘遂俊. 图解电动汽车维修速成[M]. 北京：机械工业出版社，2013.

[2] 殷承良，张建龙. 新能源汽车整车设计——典型车型与结构[M]. 上海：上海科学技术出版社，2013.

[3] 刘遂俊. 图解电动车维修速成[M]. 北京：机械工业出版社，2013.

[4] 曹振华. 混合动力汽车原理与维修技术[M]. 北京：电子工业出版社，2014.

[5] 蔡兴旺. 新能源汽车结构与维修[M]. 北京：机械工业出版社，2014.

[6] 崔胜民. 新能源汽车技术[M]. 北京：北京大学出版社，2014.

[7] 陈黎明. 电动汽车结构原理与故障诊断[M]. 北京：机械工业出版社，2015.

[8] 徐艳民. 电动汽车动力电池及电源管理[M]. 北京：机械工业出版社，2014.

[9] 张进华. 中国汽车技术发展报告[M]. 北京：北京理工大学出版社，2015.

[10] 段敏. 电动汽车技术[M]. 北京：北京理工大学出版社，2015.

[11] 李传. 新能源汽车构造原理与故障检修[M]. 北京：化学工业出版社，2015.

[12] 银石立方科技（北京）有限公司. 新能源汽车概论[M]. 北京：人民交通出版社，2016.

[13] 王庆年，曾小华. 新能源汽车关键技术[M]. 北京：化学工业出版社，2016.

[14] 北京教盟博飞汽车科技有限公司. 新能源汽车高压安全与防护[M]. 北京：人民交通出版社，2017.